Miwon Lecture

세계 정치와 문명

동서양을 넘어서

JN434522

세계 정치와 문명
동서양을 넘어서

초판1쇄 인쇄 2014년 2월 28일
초판1쇄 발행 2014년 2월 28일

지은이 피터 카첸스타인
옮긴이 유정완·이기라
엮은이 미원렉처 편집위원회
펴낸이 조인원
펴낸곳 경희대학교 출판문화원

주소 서울시 동대문구 경희대로 26
전화 02-961-0106~8, 팩스 02-962-8840
설립 1960년 9월 16일 제5-8호
등록 1977년 11월 8일 제6-5호
홈페이지 www.khupress.com
전자우편 press@khu.ac.kr

© 경희대학교, 2014

ISBN 978-89-8222-471-3 03340

세계 정치와 문명

동서양을 넘어서

피터 카젠스타인

경희대학교 출판문화원
KYUNG HEE UNIVERSITY PRESS

이 책은 2012년 12월 3일 경희대학교 오비스홀에서 개최된 미원렉처Miwon Lecture에서 피터 카젠스타인Peter J. Katzenstein 코넬대학교 석좌교수가 '세계 정치와 문명: 동서양을 넘어서'를 주제로 강연한 내용과 강연에 이어 열린 라운드테이블의 내용을 담았습니다.

Miwon Lecture

미원렉처Miwon Lecture는 경희대학교 설립자 故 조영식 박사의 호 '미원美源'을 따서 이름 지은 특별 강연입니다. 경희대는 '문화세계의 창조'를 창학정신으로, '학문과 평화'의 전통을 이어오고 있습니다. 미원렉처는 국내외 석학과 실천인을 연사로 초빙해, 인간과 세계, 문명의 새로운 지평을 열어갑니다.

머리말

세계 모든 지역의 전통적 사유와 대중적 논쟁은, 복합적이고 지구화돼가고 있는 세계 속에서 역설적이게도 동양과 서양이라는 단순한 범주들을 의심의 여지가 없는 준거점으로 삼고 있습니다. 세계를 이렇게 깔끔하게 나누는 방식은 19세기까지 거슬러 올라가는 오래된 분석 스타일에 의존하고 있습니다. 그것은 문명화된 민족과 비문명화된 민족에 대한 정치적 구분을 수반했으며 전 세계에 걸친 유럽 국가들의 제국주의적 팽창에서 문화적 지주 역할을 했습니다. 오늘 강연에서 저는 세계 정치에 대해 이론적으로도 결함이 있고 정치적으로도 위험한 이와 같은 사유 방식을 비판하고, 동서양에 걸친 문명화 과정들의 한 가지 예로서 중화화中華化를 살펴볼 것이며, 나아가 복수의 근대성multiple modernities을 포함하는 하나의 지구 문명global civilization 속에서 중화 문명과 여타 문명들이 차지하는 위치를 점검해보고자 합니다. 네 부분으로 이뤄진 이 강연은 제가 편집한 3부작의 몇 개 장에 기초하고 있습니다. 이 3부작은 『세계 정치와 문명: 다원적·다원주의적 시각들*Civilizations in World Politics: Plural and Pluralist Perspectives*』, 『중화화와 중국의 부상: 동양과 서양을 넘어선 문명화 과정들*Sinicization and the Rise of China: Civilizational Processes beyond East and West*』, 『앵글로아메리카와 그 불만: 서양과 동양을 넘어선 문명 정체성들*Anglo-America and Its Discontents: Civilizational Identities beyond West and East*』이라는 제목으로 출판됐습니다.[1]

여러 문명들이 현대 세계 정치의 틀을 형성합니다. 이 문명들은 서로 싸우고 충돌할까요, 아니면 다원적이고 다원주의적일까요? 이들 문명은 일관된 핵심 가치들에 의해 정의될까요, 아니면 이질적이고 복합적인 전통들에 의해 정의될까요? 2012년 1월에 발표된 어떤 글에서, 중국의 후진타오Hu Jintao 주석은 중국의 문화와 이념에 대한 서구의 공격으로부터 중국이 스스로를 지켜내야 한다고 주장했습니다. 후 주석의 관점에서 볼 때 중국은 서구와 한층 더 고조된 문화 전쟁을 치르고 있습니다. 그는 이렇게 주장합니다. "우리는 세계의 적대 세력들이 중국을 서구화하고 분열시키려는 전략적 음모를 강화하고 있다는 사실을 직시해야 합니다. 이념적·문화적 분야가 그들이 장기적으로 침투하고자 하는 핵심 영역

---

1 [편집자 주] Peter J. Katzenstein (ed.) (2010) *Civilizations in World Politics: Plural and Pluralist Perspectives*, London and New York: Routledge; Peter J. Katzenstein (ed.) (2012) *Sinicization and the Rise of China: Civilizational Processes beyond East and West*, New York: Routledge; Peter J. Katzenstein (ed.) (2012) *Anglo-America and Its Discontents: Civilizational Identities beyond West and East*, New York: Routledge.

들입니다 …. 우리는 이와 같은 이념 투쟁의 심각성과 복잡성을 충분히 숙지해야 하며, 언제나 경종을 울리고 경계 태세를 유지해야 하며, 감시체계를 강화하고 그에 대응하기 위한 무력 조치를 강구해야 합니다."[2] 작고한 새뮤얼 헌팅턴Samuel Huntington 교수도 냉전 종식 후 출판된 저술 중 가장 널리 읽히고 가장 많이 인용되는 것으로 판단되는 자신의 저서에서 이와 유사한 주장을 펼쳤습니다. 헌팅턴은 소련의 몰락과 더불어 문명 간의 충돌, 다시 말해 서구 문명을 여타의 문명, 구체적으로는 중국과 이슬람 문명과 대립시키는 충돌이 세계를 재구성하고 있다고 주장합니다.[3] 후 주석과 헌팅턴 교수는 세계 곳곳의 정치 토론과 대중 담론에 반영돼 나타나는 전통적 지혜를 표현합니다.

오늘 강연에서 저는 이와 같은 전통적 지혜가 틀렸다고 주장할 것입니다. 그것은 19세기 유럽 제국주의의 이념적 산물로 등장한, 세계 정치에 대한 낡은 입장을 표현하고 있습니다. 문명들은 서로 싸우고 충돌하는 것이 아니라 다원적이고 다원주의적입니다. 문명들은 일관된 핵심 가치들로 정의되는 것이 아니라 분기分岐하는 복합적 전통들에 의해 정의됩니다. 저는 제 주장을 뒷받침하기 위해 문화적 현실주의cultural

2 Wong (2012).

3 Huntington (1996).

realism와 세계시민적 자유주의cosmopolitan liberalism로부터 생각을 빌려오는 동시에 그것을 반대하기도 할 것입니다. 우리가 다원적 문명들 속에서 살고 있다는 후 주석이나 헌팅턴 교수 등의 문화적 현실주의자들의 입장에 저는 동의합니다. 하지만 이들 문명이 고유하고 일원적이라는 그들의 주장에는 반대합니다. 문명들이 내적으로 다원주의적이라는 증거는 압도적으로 많습니다. 이 점과 관련해서 저는 문명의 내적 다원주의를 기꺼이 인정하는 세계시민적 자유주의자들의 입장에 동의합니다. 그럼에도 저는 문화 다원주의가 현대의 세계 정치를 정의해주는 핵심 요소라는 사실을 부정하는 세계시민적 자유주의자들의 생각에는 강력히 반대합니다. 결론적으로 저는 세계 정치에서 문명이 동양과 서양을 초월해 퍼져 있다고 주장하고자 합니다. 문명들은 다원적이고 다원주의적입니다. 문명들은 또 복수의 근대성을 포함하는 하나의 지구 문명 속에 새겨져 있습니다.

문명 정치civilizational politics라는 주제는 지정학적으로 중국과 일본 사이에 끼여 있는 한국의 청중에게도 상당한 타당성을 지닙니다. 일본보다 중국 문명에 더 기울어져 있었지만, 한국은 전통적으로 이 두 문명의 대립적 경향들과 경쟁해왔습니다. 폴란드와 비교될 만한 한국의 치열한 독립과 강력한 집단 정체성은 한국이 노출된 위치에 크게 기인한 것일지도 모릅니다. 한국은 상이한 문명들에 새겨져 있는 행위자들 사이의 관계 속에서 역사적으로 반복되는 광범위한 결과들을 경험해왔습니다. 그것은 문명 정체성과 관행들 간에 탄력적 균형을 부르는 초문명적 교섭transcivilizational engagements, 탄력이 꽤 낮은 문명 간 접촉intercivilizational encounters, 그리고 야만적인 문화 제국주의로 귀결된 문명 간 충돌 등의 경험입니다.

오늘 강연을 통해 저는 먼저 문명 분석의 몇 가지 개념적 주제들을 중점적으로 살펴보고, 그다음으로는 문명화 과정의 한 가지 예로서 중화화를 검토해볼 것입니다. 그리고 문명 정체성의 좋은 사례인 앵글로아메리카를 분석한 후 마지막으로 문명 정치를 형성하는 일반적 논리를 고찰하면서 결론을 내보고자 합니다.

피터 카젠스타인

일러두기

1. 이 책에 실린 강연 내용은 카젠스타인 교수가 발표한 아래의 글을 바탕으로 구성됐다.

Peter J. Katzenstein (2010) "A World of Plural and Pluralist Civilizations: Multiple Actors, Traditions, and Practices," in Peter J. Katzenstein (ed.), *Civilizations in World Politics: Plural and Pluralist Perspectives*, London and New York: Routledge, pp. 1-40.

Peter J. Katzenstein (2012) "China's Rise: Rupture, Return, or Recombination?" in Peter J. Katzenstein (ed.), *Sinicization and the Rise of China: Civilizational Processes beyond East and West*, New York: Routledge, pp. 1-38.

Peter J. Katzenstein (2012) "Sinicization in Comparative Perspective," in Peter J. Katzenstein (ed.), *Sinicization and the Rise of China: Civilizational Processes beyond East and West*, New York: Routledge, pp. 209-41.

Peter J. Katzenstein (2012) "The West as Anglo-America," in Peter J. Katzenstein (ed.), *Anglo-America and Its Discontents: Civilizational Identities beyond West and East*, New York: Routledge, pp. 1-30.

Peter J. Katzenstein (2012) "Many Wests and Polymorphic Globalism," in Peter J. Katzenstein (ed.), *Anglo-America and Its Discontents: Civilizational Identities beyond West and East*, New York: Routledge, pp. 207-47.

2. 본문에서 [편집자 주]라고 표기하지 않은 각주는 모두 저자의 주석이다.

차례

세계 정치와 문명

동서양을 넘어서

Miwon Lecture

문명 분석: 개념적 개괄

공간과 시간의 두 측면에서 문명은 가장 광범한 사회적 문맥과 세계관들을 우리에게 제공합니다. 문명은 "확대해서 쓰인 문화culture writ large"와 같은 것입니다.[4] 문명은 행위하지 않습니다. 정치적 단위들이 문명들 속에서 행위를 하는 것입니다. 좀 더 구체적으로 말하자면, 리디아 류Lydia Liu가 말하듯이 "문명들이 충돌하는 것이 아니라 제국들이 충돌합니다."[5] 유사한 관점에서 이언 모리스Ian Morris는 문화는 "우리의 머릿속에서 우리에게 무엇을 하라고 지시하는 목소리라기보다 우리

---

4 Lawrence (2010), p. 157; Huntington (1996), p. 41.

5 Liu (2004), p. 1.

의 입장들에 대해 우리가 스스로 논쟁을 하는 일종의 타운홀 미팅town hall meeting"이라고 주장합니다.[6] 문명은 제도 속에서 이뤄지는 권력 행사를 통해 우리가 일상적 관행과 정책을 만들어내는 데 도움을 줍니다. 게리 해밀턴Gary Hamilton이 주장하듯이, "세계에 대한 이미지는 그러한 활동 영역들이 현행의 관심사로서 실제로 해석되고 조직되는 방식에 결정적 영향을 미칩니다."[7] 모든 문명 속의 행위자들은 자신들이 고유하다는 견해를 채택하게 되고, 따라서 삶을 상상하고 살아가는 다른 방식들도 존재한다는 사실에 대해 스스로 눈을 감게 됩니다. 우리가 비록 다원적이고 다원주의적인 문명의 세계 속에 살고 있기는 하지만, 지적·정치적 흥행사들은 자신들의 목적 달성을 위해 문명의 고유성singularity이라는 환상을 불러일으키곤 합니다. 냉정한 증거의 빛에 비추어보면 문명의 고유성에 대한 옛 주장들은 성립할 수 없습니다.[8] 문명들은 저마다 독특하고 다변화돼 있는 것이지, 제 홀로 서 있는 통일된 무언가가 아닙니다.

문명은 비가시적·상징적인 차원만이 아니라 가시적·행동적인 차원에서도 정치권력과 불가피하게 엮여 있습니다.[9]

---

6 Morris (2010), p. 568.

7 Hamilton (2010), p. 37.

8 Morris (2010).

9 Barnett and Duvall (2006). Knöbl (2007)은 문명 분석에서 정치권력의 중요성을 강조한다.

문명에 대한 유물론적 설명은 후자를 강조하는 경향이 있고, 관념론적 설명은 전자를 강조하는 경향이 있습니다. 현실에서는 이 두 가지가 모두 나름의 역할을 합니다. 문명 정치는 부분적으로 엘리트 집단의 이해관계에 따라 작동합니다. 지리적·상징적 공간들을 가로질러 자신들의 권력과 특권 확대를 추구하는 이들 엘리트 집단은 도구적 측면에서 문명의 이미지에 의존합니다. 좀 더 뚜렷하지만 보다 덜 노골적인 것이 두 번째 문명의 동역학인데, 이에 따르면 엘리트 집단의 이해관계는 문명 담론과 관행들에 의해 정의되며, 그런 담론과 관행이 물질적 구조와 동기들, 그리고 거기서 도출되는 이해관계에 나름의 논리를 강제하게 됩니다. 문명의 사회적 힘은 정체성과 이해관계만이 아니라 거기서 표출되는 과정과 정책, 그리고 관행들 속에서 스스로를 드러냅니다. 요컨대 문명은 문명이 아닌 정치 행위자들이 권력을 동원하는 방식을 규정합니다.

언어와 종교

문명의 가장 중요하고도 두드러진 특징 두 가지는 그것의 종교적 전통과 문예적 전통입니다. 개별적으로나 복합적으로, 이 둘은 문명의 삶을 구성하는 복수의 전통을 형성하는 데 풍부한 재료를 제공합니다. 언어는 문명의 핵심 요소입니다. 일본과 한국, 베트남은 모두 고유의 언어를 사용했고 또 독자적인 문자를 가진 경우도 있었지만, 수천 년 동안 한자를 글쓰기에 사용했습니다.[10] 18세기에는 프랑스어와 프랑스식 궁정 예절이 문명의 요체로서 유럽 전역의 상류사회에서 모방됐습니다. 프리드리히 대제Frederick the Great[11]는 독일어를 할 줄 알았지만, 그가 독일어를 한 것은 자기 개에게 말을 걸 때뿐이었습니다.

인도에서도 언어는 문명의 핵심적인 표식입니다.[12] '힌두' 문명과 '인도' 문명 중 정확히 어느 것을 선택할지가 핵심적인 질문이 됩니다. '힌두 문명'은 종교를 다른 모든 영역을 능가하는 가장 중요한 문화 요소로 제시합니다. '인도 문명'은 다수의 문화 요소와 그것들 사이의 건강한 경쟁 공간을 허용합니다. 수전 회버 루돌프Susanne Hoeber Rudolph는 상응성의 관점보다 구성성의 관점을 선택합니다. 인도 반도에는 종교적 관점에서는 분리돼 있으나 언어, 문학, 기타의 문화적 특징들은 공유하는 나라들이 있는데, 이 점이 하나의 인도 문명이라는 개념에 설득력을 부여합니다. 더구나 루돌프의 주장에 따르면, 인도는 문자언어의 유무에 근거한 문명화와 비문명화의

---

10 Kang (2010).

11 [편집자 주] 프리드리히 대제(1712~1786). 프로이센 국왕으로 슐레지엔 전쟁과 7년 전쟁에서 승리했다. 프로이센 군대의 재편성과 혁신적인 훈련 및 전술로도 유명하다.

12 Rudolph (2010); Sen (2006), pp. 46–9.

구분을 무의미하게 만듭니다. 베다Vedas 경전[13]의 구술 전통 속에서 훈련을 받은 브라만 계급[14]이 있었기 때문에 구술 전수의 사회적 관습하에서 산스크리트어[15]가 수백 년 동안 살아남을 수 있었습니다. 문자로 전수됐다면 이 성전은 훼손됐을 것입니다. 그럼에도 루돌프가 지적하듯이, 언어와 엘리트 문화에 대한 강조는 배외적 민족주의, 그리고 인도의 경우 제국주의와 식민주의의 수단으로서 언어가 지닌 중요성을 간과할 수도 있습니다.

이와 유사하게 브루스 로렌스Bruce Lawrence는 이슬람 문명도 강력한 구술 전통이 있는 유목 문화적 문맥에서 발생했다고 주장합니다.[16] 이슬람 문명처럼 그 기원에 문자언어가 부재했거나 인도 문명처럼 오랜 기간 동안 문자언어가 부재한 경우는 모두 문명의 진화에서 언어가 중요한 역할을 하지만 그 역할은 다를 수도 있다는 사실을 보여줍니다. 인도 학자들은 인도 문명의 언어가 무엇인지에 대해 지금도 계속 논쟁을 벌이고 있습니다. 실질적인 문제에서 인도의 엘리트 집단은 영어에 크게 의존합니다. 그러나 영어 사용으로 인해 인도의 서비스 부문이 다른 개발도상국 경제를 능가하는 것도 사실

13 [편집자 주] 인도 브라만교의 성전으로 인도의 종교, 철학, 문학의 근원을 이룬다.

14 [편집자 주] 인도 카스트 제도의 최상위인 성직자 계급.

15 [편집자 주] 인도·아리아어 계통의 고대 인도 표준 문장어.

16 Lawrence (2010).

이지만, 영어를 인도의 언어라고 생각하는 사람은 아무도 없습니다. 필리핀같이 언어적으로 유동적인 다른 지역들처럼 인도에서 영어는 공용어lingua franca로는 인정되지만 모국어mother tongue로는 인정되지 않고 있습니다.[17] 그렇다면 국제어world language의 장구한 역사 속에서 가장 최근에 등장한 영어의 정확한 지위는 무엇일까요? 니컬러스 오슬러Nicholas Ostler의 주장에 따르면, 세계는 단일 언어monolingual의 미래를 향해 나아가고 있는 것이 아니라, 공용어인 영어의 계승자 없이 복수 언어multilingual의 미래를 향해 나아가고 있습니다.[18] 적어도 지금으로서는 출판된 모든 번역물 중 영어가 가장 큰 몫을 차지하기 때문에 영어의 우선성에는 의심의 여지가 없습니다.[19] 그럼에도 모국어의 사용과 공용어로서의 영어 사용에 대한 오슬러의 상세한 분석은 다가올 언어적 다양성의 세계가 어떠할지 보여줍니다.[20] 실제로 공용어로서의 영어는 제한적이나마 구분 가능한 변이들varieties로의 분화 과정을 겪고 있습니다.[21] 언어적 지역주의를 특징으로 하는 다문명 세계multicivilizational world의 다양한 모국어들을 영어가 대체하지는

---

17 Ostler (2010), p. 20.

18 위의 책.

19 위의 책, p. 10.

20 오슬러의 분석은 Braj Kachru (1985)의 3원 모델과 상충된다. 3원 모델은 영어를 모국어로서의 영어, 공용어로서의 영어, 제1외국어로서의 영어로 구분한다.

21 Ostler (2010), pp. 47–55.

못할 것입니다.[22] 그리고 최근 번역 과정을 혁명적으로 변화시키기 시작한 언어기술의 진화로 영어는 그 자체의 뿌리가 흔들리거나 아예 대체될 수도 있을 것입니다.

종교는 문명의 두 번째 표식입니다. 예컨대 새뮤얼 헌팅턴은 계몽주의 이전의 선택 용어인 '라틴 기독교Latin Christendom'의 계승자를 '서구 기독교Western Christendom'가 아닌 '서구 종교Western religion'라고 주장합니다.[23] 서구 기독교는 사실 분열이 매우 심한 종교 전통입니다. 16세기와 17세기에는 이 분열이 30년 전쟁[24] 시기 개신교와 가톨릭 사이에 벌어진 대량 학살로 나타났습니다. 20세기로 접어들 때까지도 개신교도들은 상당한 의심의 눈초리로 가톨릭 신자들을 불온한 초국적 종교인으로 바라보았습니다. 마치 오늘날 많은 가톨릭 신자들과 개신교도들이 이슬람교도를 바라보듯이 말입니다. 제임스 커스James Kurth는 서구와 미국 문명의 기원 및 진화에서 종교개혁이 중요한 위치를 차지한다는 헌팅턴의 주장을 정교하게 발전시킵니다.[25] 커스의 주장에서 특히 흥미로운 것은, 미국적인 교의American creed의 개신교적 핵심이 급

22 위의 책, pp. 225–41.

23 Huntington (1996).

24 [편집자 주] 1618~1648년까지 유럽 중부에서 벌어진 일련의 전쟁. 유럽 대다수 국가가 참전한 파괴적인 전쟁으로, 개신교와 가톨릭 사이의 종교적 갈등이 그 발단이었다.

25 Kurth (2010).

30년 전쟁 당시 1623년 8월 6일 독일에서 벌어진 슈타트론 전투.

기야 세속화된 개신교secularized Protestantism라는 민간 종교마저 포함하게 됐다는 점입니다. 여기서 세속화된 개신교란 미국 세속 엘리트 집단의 이단적이고도 신新이교주의적인 종교를 의미합니다. 많은 현대 문명에서 나타나는 종교적 활력의 부활은 보편적 종교가 아니라 종교적 다양성을 특징으로 하고 있습니다. 세속주의라는 복수화된 전통이 종교적 의식religious consciousness과 정치의 심화 내지 지속 현상을 설명해줍니다. 세속주의는 이와 같은 현상들과 관계를 맺어야 합니다. 20세기에 들어와 기독교와 이슬람이 팽창했지만, 다양한 형식의 비종교적 신념 체계와 무신론적 신념 체계들 또한 팽창한 것이 사실입니다. 종교적·세속적 신념 체계들의 변이는 이렇듯 계속 나란히 공존하는 것입니다.

복수의 근대성이 포함된 하나의 지구 문명 속에 다원주의적 문명들이 있는가, 아니면 국제적인 국가 체계 속에 일원적 문명들이 존재하는가

문명에 대해서는 두 가지 기본적 관점이 있습니다. 오늘의 제 강연은 여러 문명들이 좀 더 포괄적인 하나의 문맥 속에 깃들어 있다고 보는 다원주의적 관점을 취하고 있습니다. 이 입장은 전근대 문명들을 하나의 범유라시아 또는 범아프로·유라시아 문명권으로 파악하는 관점을 전 지구적 규모로 확장하는 것입니다.[26] 문명들의 역사는 상호 차용의 역사입니다.[27] 언덕과 계곡 사이를 지나고 대륙과 대양을 가로지르는 민족들의 이동은, 종교적이거나 문예적인 전통 내부의 긴장이나 그들 사이의 긴장과 마찬가지로 문명들의 다원성과 다원주의를 설명해줍니다. 문명들은 도시와 통상, 여행, 교역, 연합, 전쟁 등을 포함하는 세계적 사건들의 물질적 토대에 기초해 있을 뿐 아니라 이들 사건을 포함하기도 합니다. 오랫동안 잊혀진 18~19세기 인도와 이집트 공예품 수집가들의 흩어진 증언들을 샅샅이 연구한 결과, 마야 재서노프Maya Jasanoff는 "문화 접촉의 과정이 얼마나 많은 교섭crossing과 혼합mixing을 포함

26 Hodgson (1974), (1993); McNeill (1990). 또한 Lawrence (2010), p. 157 참조.

27 Braudel (1993), p. 8.

하는지" 추적할 수 있게 됐습니다.[28] 이언 모리스 또한 이와 유사하게, 인간의 오랜 역사에서 모든 거대 민족 집단들이 엇비슷한 능력들을 자체적으로 부여받게 됐다고 주장합니다. 지리적 관점에서 보자면, 서양과 동양은 각각 다양한 생태적 장점을 향유하게 됐으며, 그 결과 한쪽이 다른 쪽을 압도하는 장점을 번갈아가며 가지게 됐습니다. 서양 문명이 동양 문명을 주도하는 최근 경향은 다가오는 세기에는 역전될 수도 있습니다. 또는 가능성이 좀 더 큰 경우를 들자면, 지식의 보편적 폭발 속에서 영토의 중요성을 사라지게 만드는 대격변들로 인해 지금까지의 구도는 완전히 무의미해질 수도 있습니다.[29] 복수의 근대성을 포함하는 지구 문명은 오늘날 상이한 문명 복합체들 간의 다양한 관계를 가리키고 있습니다. 비록 아직까지는 중요한 영토적 토대를 유지하고 있지만, 지구 문명은 또한 비非영토적 과정들로 정의되기도 합니다. 이 과정들은 경쟁하는 복수의 근대성과 문명 의식의 변화를 특징으로 하는 인식 가능한 관행들의 보편 체계를 구성합니다.

문명에 대한 이와 다른 관점은, 문명이 논쟁의 여지없는 핵심 가치들을 중심으로 위계적으로 짜인 일원화된 문화 프로그램이며, 그런 가치들이 바람직한 행동의 명료한 척도를

28 Jasanoff (2005), p. 7.

29 Morris (2010).

경희대 오비스홀에서 강연하는 카젠스타인 코넬대 석좌교수.

제공한다고 주장합니다.[30] 이와 같은 관점은 18세기 유럽에서 발생한 것입니다. 19세기에는 이것이 문명의 표준이라는 개념으로 숭배됐습니다. 이 표준은 인종, 민족적 제휴, 종교 등에 근거한 것인 동시에 다른 모든 문명들에 비해 유럽 문명이 우월하다는 확고한 믿음에 근거한 것이었습니다. 그런데 문명화된 민족들과 비문명화된 민족들 간의 구분은 유럽의 과거 역사에서만 볼 수 있는 것이 아닙니다. 그것은 오늘날 문명 충돌이라는 헌팅턴의 주장, 다시 말해 39개의 언어로 번역된 그의 책에 대한 많은 보수적 지지자들 사이에서도 광범

30 Bowden (2009).

한 지지를 얻고 있습니다.[31] 역설적이게도 이 입장은 법에 의한 지배와 훌륭한 통치의 지구적 표준을 향상시키기 위해 헌신하는 수많은 자유주의자들 사이에서도 지지를 얻고 있습니다. 더구나 이 일원(론)적 주장은 많은 비유럽인들에 의한 문명 분석에서도 폭넓게 쓰이고 있습니다. 모든 곳에서 이른바 야만인들이 늘 문명의 문을 두드려온 셈입니다.[32]

논쟁의 여지가 없는 핵심 가치들을 중심으로 문명이 일관성을 유지하는 듯 보이는 곳에서, 우리는 불변의 집단 정체성과 관행들이 가진 고유한 문화적 특징들을 목격하기보다 오히려 특정한 목적으로 만들어진 정치적·지적 혁신들을 목격할 뿐입니다. 새뮤얼 헌팅턴의 저서 『문명의 충돌*The Clash of Civilizations and the Remaking of World Order*』은 낡은 일원적 주제를 우리 시대에 되풀이하고 있습니다. 헌팅턴에게 문명이란 일관되고 합의에 근거하며 변화하지 않고, 나아가 국가처럼 행동할 능력을 가진 어떤 것입니다. 헌팅턴은 냉전 종식 후의 세계 정치를 바라보는 하나의 패러다임을 제공하려는 자신의 목적을 훌륭하게 성취했습니다. 9·11에 대한 헌팅턴의 정확한 예견은 그의 책이 지속적으로 적실하다는 설명에 타당성을 제공했습니다. 학계의 담론에 비해 대중에게는 좀 덜 알

---

31 헌팅턴의 책을 발행한 출판사는 2009년 12월 1일 현재 57건의 해외 계약을 체결했다. 헌팅턴은 Bernard Lewis (1990)가 처음으로 제기한 논제를 부연하고 확장했다.

32 Callahan (2010); Pocock (2005); Brody (2001).

2001년 9월 11일 테러리스트의 공격을 받은 미국의 세계무역센터.

려진 사실 한 가지는 헌팅턴이 자신의 주장을 엄청나게 과장하고 있다는 점입니다. 수없이 많은 분석들은 충돌이 문명들 사이에서가 아니라 오히려 문명들 내부에서 주로 발생한다는 사실을 확고하게 보여주었습니다.[33] 더구나 헌팅턴의 책이 가진 호소력은 이 책의 두 가지 주요 주장 중 두 번째 주장이 옳지 않았기 때문에 근거가 약해질 수밖에 없습니다. 냉전 종식 후에 중국 문명과 미국 문명의 관계는 충돌보다는 접촉 또는 교섭이라는 용어로 가장 잘 요약됩니다.

아시아에서는 헌팅턴의 주장과 아주 유사한 주장 하나가

---

33 Fox (2001); Ben-Yehuda (2003); Chiozza (2002); Henderson and Tucker (2001); Russett, Oneal, and Cox (2000); Neumayer and Plümper (2009); Schimmelfennig (2003), p. 150; Ferguson (2011), pp. 312–14.

반서구적 대항 담론의 외양을 띠면서도 동시에 서구적 논리에 경도된 채 오랫동안 존재해왔습니다. 리콴유Lee kuan Yew[34]와 그의 보좌관 토미 코Tommy Koh는 아시아적 가치를 공공연히 지지하는 사람들입니다.[35] 싱가포르의 잘 알려진 대중 지식인 키쇼어 마부바니Kishore Mahbubani 또한 아시아의 옹호자입니다. 그의 최근 저서는 '서양'으로부터 '동양'으로의 대대적인 권력 이동을 상세히 묘사하고 있습니다.[36] 그리고 이와 동일한 주장을 더 왁자지껄하게 발전시킨 것으로, 마하티르 모하마드Mahathir Mohamad 전 말레이시아 총리와 이시하라 신타로Shintarō Ishihara 전 도쿄 도지사 사이에 오간 대화도 있습니다.[37] 아시아 문명 우위의 여명이 도래했음을 선언하는 목소리는 어제의 일본에서 오늘의 중국과 내일의 인도로 계속 옮겨갈지 모릅니다. 이 같은 목소리는 점점 더 커지고 있습니다. '옥시덴탈리즘Occidentalism[38]'도 '오리엔탈리즘Orientalism[39]'처

---

34 [편집자 주] 리콴유(1923~). 싱가포르의 정치인으로 30여 년간 총리를 지냈다. 고도의 경제성장을 통해, 변방의 식민지였던 싱가포르를 아시아의 네 마리 용 중 하나로 변모시켰다.

35 Zakaria (1994); Koh, Yeo, and Latif (2000).

36 Mahbubani (2008).

37 Mahathir and Ishihara (1995).

38 [편집자 주] 동양에 의해 왜곡된 서양에 대한 인식으로, 서양을 비인간적이고 천박하고 물질적이라고 간주한다. 반대로 동양은 인간적이고 고상하고 정신적이다.

39 [편집자 주] 서양에 의해 왜곡된 동양에 대한 인식으로, 동양을 비합리적이고 열등하고 비도덕적이라고 간주한다. 반대로 서양은 합리적이고 우월하고 도덕적이다.

럼, 단수로 표기된 동양과 서양을 특징짓고 있을 뿐입니다.[40]

시원주의와 정치적 구성

단수 표기의 동양과 서양이라는 용어가 광범하게 사용되면 행위자와 유사한 특질을 가진 하나의 담론 범주가 만들어집니다. 그다음에 그것은 구체적인 정치적 조건하에서, 구체적인 정치적 목적을 위해 배치됩니다. 정치적으로 중요한 의미를 갖는 것은 범주 그 자체가 아니라 물화reification 또는 구성construction 행위이며, 그런 행위가 바로 정치적 분석을 필요로 하는 부분입니다. 우리 스스로뿐만 아니라 다른 사람들에게 특정의 정신적 지도mental map를 믿게 만들고 우리의 정체성과 이해관계를 그 지도에 맞게 정렬시킴으로써, 우리는 수사적 구성rhetorical construction에 기대어, 그렇지 않을 경우에는 생각하지도 못할 의미를 그 지도에 귀속시키게 됩니다.

시원주의primordialism는 사회의식의 단순화된 결정체입니다. 그것은 성이나 친족 관계, 영토나 언어 또는 인종에 대해서처럼 문명에 관심을 집중시킬 수도 있습니다. 사람들 사이에서 기대되는 구체적인 집단 정체성은 '교양civility'이나 신성함의 관점에서 정의됩니다. 교양의 관점은 행동 규범과 사회

40 Chen (1992); Buruma and Margalit (2004).

적 절차에 구체적 초점을 두고 '우리'와 '그들' 사이에 경계선을 긋는 것이고, 신성함의 관점은 신이나 이성으로 정의되는 초월적 존재를 구체적 준거로 삼아 '우리'와 '그들' 사이에 경계선을 긋는 것입니다.[41] 우리는 문명이 어떻게 형성되며 문명이 무엇인지를 모두 이해할 필요가 있습니다. 실제로 자아와 타자의 시원적 구성에서 행위action와 말speech은 병렬적으로 존재하는 것이 아니라 서로 긴밀히 뒤얽혀 있습니다. 따라서 우리의 분석은 이 두 가지 모두를 포함해야 하며, '문명'이라는 용어 자체의 의미에 대한 광범하고 심층적인 합의를 포착해낼 수 있어야 합니다.[42]

문명에 대한 새뮤얼 헌팅턴의 일원적 개념은 이 점을 잘 보여줍니다. 헌팅턴이 보기에 문명들은 복수의 근대성을 포함하는 하나의 지구 문명을 형성하는 것이 아니라, 하나의 국제 체제 속에서 서로 경쟁합니다. 따라서 헌팅턴은 "공통성이 지배한다the commonalities rule"는 말을 하나의 정책 격언으로 표현하고, 이미 흔히 존재하는 어떤 것에 대해 절박한 필요성을 제기합니다. 예컨대 문명들 간에 공유되는 가치, 제도, 관행의 추구 등에 대한 것들 말입니다.[43] 이 관점에서 보면, 문

41 Eisenstadt and Schluchter (1998), pp. 14–5.

42 Ferguson (2007), p. 191, p. 195.

43 Huntington (1996), p. 320; Brooks (2011).

명이란 열려 있는 과정과 광범한 인간 관행들을 반영하는 것이 아니라 권력 균형을 이루는 어떤 것입니다. 헌팅턴의 분석은 부단히 변화하고 다원주의적이며 때로는 소용돌이치는 서구의 모든 증거들을 무시할 뿐 아니라, 서구 문명을 수정주의적 비서구 문명들의 쇄도에 마지못해 대응하는 현상 유지 권력의 하나로 간주합니다. 문명 복합체에 깊이 새겨져 있는 국가, 정체政體, 제국 등의 행위자들에게 초점을 맞추는 것이 아니라, 문명들 그 자체가 행위자가 됩니다. 그리고 헌팅턴은 부당하게도 문명의 힘을 전적으로 인구수, GNP, 군사비 지출과 같은 물질적 능력에 따라 측정합니다. 따라서 그의 문명 충돌은 거대 국가나 제국들의 충돌과 현저히 유사합니다. 제 입장에서 보면, 문명이란 오히려 세계 정치의 가장 광범한 문화적 문맥입니다.

복수의 근대성을 포함하는 하나의 문명, 그리고 복수화된 관행의 균형들

복수의 근대성을 가진 하나의 지구 문명은 모든 문명들을 포괄하는 하나의 문맥을 제공하고 문명들의 세계에 내재하는 다원주의를 향상시킵니다. 여기서 문맥이란, 자주 사용되지만 너무 성기고 추상적인 단점이 있는 국제 체제나 세계시장 등의 개념을 말하는 것이 아닙니다. 윌리엄 맥닐William McNeill

이 자신의 역저 『서구의 부상*The Rise of the West*』이 완성된 지 사반세기도 더 지난 뒤에, 그리고 헌팅턴의 저서가 출판되기 6년 전에 『서구의 부상』에 대해 통렬한 자기비판을 가한 핵심적 이유도 바로 이와 같은 문맥의 중요성에 대한 인식에 있습니다.[44] 맥닐에게 문명이란 내적으로 다채롭고, 느슨하게 연결된 것입니다. 또한 그것은 엘리트 집단 중심으로 이뤄진 사회체제들로서, 공통으로 향유되는 지구적 문맥 속에 통합돼 있습니다. 그는 자신의 선구적인 과거 저서가 방향을 잘못 잡고 있었다고 주장합니다. 문명들이 개별 집단으로만 존재하며 그와 같은 문명들 사이의 상호작용이 세계사의 엔진이라고 이해돼야 한다는 그릇된 가정에 근거하고 있었기 때문입니다. 이제 그 대신 맥닐은 적합한 설명을 위해서는 모든 문명들이 새겨져 있는 더 광범한 문맥을 적절히 고려해야 한다고 주장합니다. 문명들은 내적으로 다변화돼 있기 때문에 선별적으로 이식됩니다. 그리고 문명들은 느슨하게 통합돼 있기 때문에 논쟁과 경쟁을 유발하게 되고, 그에 따라 다른 문명들의 관점에서는 두드러져 보이게 됩니다. 남아시아와 이슬람권에서 역사적으로 진실이었던 것이 근대 통신 기술의 영향으로 인해 이제 현대의 모든 문명들에서 훨씬 더 큰 진실이 됐습니다. 오늘날의 모든 문명들은 모든 것을 포괄하며 복

44 McNeill (1990), (1963).

수의 근대성으로 특징지어진 하나의 지구 문명 속에 새겨져 있습니다.

그러므로 문명 정치는 지구적·국제적 과정들을 종교적이고 세속적이며 민족적인 과정들과 융합적으로 뒤섞는 것입니다.[45] 페르낭 브로델Fernand Braudel[46]이 말한 것처럼, 언뜻 보기에 "모든 문명은 갖가지 물품들을 끊임없이 수취하고 발송하는 철도 수하물 야적장 같습니다."[47] 문명은 문화적 엘리트 집단의 다수 구성원들에게는 자명하고도 생생한 정체성으로서 깊은 의미를 가집니다. 그러나 대부분의 사람들에게 문명은 가장 높은 위치를 차지하지 않으며, 평소에는 일상적 의미의 강한 귀속감을 가지고 스스로를 드러내지도 않습니다. 문명을 시원적인 어떤 것으로 변모시키는 것은, 당연시되는 하나의 현실 감각을 만들어낼 목적으로 이뤄지는 하나의 정치 기획일 뿐입니다. 이와 같은 정치 기획에 의해 당연한 것으로 여겨지게 되는 현실 감각은 자아와 타자를 구별하고 옳은 것과 그른 것을 구별하는 데 도움을 줍니다. 이 정치 기획은 문명들이 복수의 형식으로 존재할 뿐 아니라 다양한

45 Haas (2000).

46 [편집자 주] 페르낭 브로델(1902~1985). 프랑스의 역사학자로 경제학, 인류학, 지리학 같은 분야의 연구를 아울러 역사 연구에 혁신을 일으켰다. 광범위한 사회경제적 요소를 역사에서 강조했다.

47 Braudel (1993), p. 29.

과정과 정책과 관행들을 창출해내는 복수의 전통으로 구성돼 있다는 사실에 대한 인식의 제거가 필요합니다.

요약컨대, 제가 여기서 제안하는 개념은 새로운 정치 세력의 등장에 적합한 것이며, 그 새로운 정치 세력들은 다양한 문명들로 인해 가능해진 풍부한 정치적 목록들을 제대로 반영하는 세력들입니다. 저의 개념은 또한 혁신과 변화가 흔히 초래하게 되는 정치적 반동도 고려하기에 적합한 개념입니다. 정책과 관행들의 균형 변화는 정치권력과 긴밀하게 연결돼 있을 뿐 아니라 문명들 내부에서, 그리고 문명들 사이에서 당연히 행동과 상징의 경계들을 꾸준히 생산하고 재생산하고 있습니다.

문명화 과정과 중화화

정책이나 학문적 저술에서 흔히 그렇듯이, 다양한 문명들을 동양과 서양이라는 단순한 범주로 물화시키는 방식은 일상의 정치에도 폭넓게 퍼져 있습니다. 과정을 강조하는 개념으로서 중화화라는 개념은 정치적·지적 지름길을 반대하며, 그런 지름길이 초래할 수 있는 실수들을 교정하고자 합니다. 이 과정이 '자아'와 '타자'를 구별해주는 상이하고 환원 불가능한 핵심 가치들을 호출하고 취급하고 바꾸는지, 아니면 그렇지 않은지에 대해서는 의견이 일치하지 않습니다. 저는 여기서 복합적인 과정에 대한 인정과 핵심 가치들의 존재에 대한 주장이 동일한 정치 역학의 두 가지 측면이라고 주장하고자 합니다. 통일되고 결정화된 핵심 가치와 관행들이 존재한다는 믿음을 만들어내는 것은 복합적인 과정들을 단순화하는 하나의 정치 기획입니다. 그것은 급격히 변모하고 혼란스러우리만치 불확실한 변화의 세계 속에서 불안을 줄이기 위한 노력의 일환으로 나타납니다. 중화화는 실제로 존재할 뿐 아니라 정책과 관행을 위해서도 정치적으로 중요한 의미를 지닙니다. 중국 또는 한漢 문명이 개방적이라는 주장, 혹은 그것이 다른 식으로는 연결할 수 없는 문명의 간극들을 메워주는 고유한 역할을 가지고 있다는 주장 등은 중국에만 고유한 것이 아니라 다른 곳에서도 흔히 볼 수 있는 주장들입니다. 그 기원의 시점에 있어서나, 진화의 과정에 있어서나, 그리고 우리가 귀속을 선택하는 그 어떤 운명의 시점에 있어서도, 아주 다른 종류의 관행을 고수하는 많은 상이한 민족들을 하나로 묶어주는 다변화된 사회적·정치적 과정들을 향해 문명은 언제나 열려 있었습니다. 마틴 버널Martin Bernal의 언어로 표현하자면, 아테나 여신은 흑색 아니면 백색이 아니라 언제나 갈색이었습니다.[48]

중화화는 많은 중국인들의 상상력을 자극하는 개념입니다. 중국 민족의 통일성이라는 자신들의 공유된 믿음에 밀접하게 부합하며, 부당하고 정당화될 수 없는 오랜 모욕의 시기가 지난 후에 중국이 필연적으로 부상하게 되리라는 공유

48 Bernal (1987).

된 정서에도 밀접하게 부합하는 이 개념적 어휘에 대해 중국인들은 완전한 친밀감을 느낍니다.[49] 미국에서는 그렇지 않습니다. 특히 미국 역사학자들과 사회과학자들 사이에서 중화라는 개념은 나쁜 인상을 갖습니다. 구석과 틈새로 가득 찬 세계 속에서 그것은 평평함을 의미합니다. 그것은 지적으로 수용할 수 없고 역사적으로도 타당하지 못한 하나의 목적론teleology, 다시 말해 종국에는 모든 사람이 중국인이 되리라고 암시하는 하나의 목적론을 함축하는 것처럼 보입니다. 저는 양쪽 입장 모두 정확하지도 못하고 근거도 없다고 믿습니다. 중화화 개념에 대한 많은 지역의 찬사나 비판과는 대조적으로, 여기서 저는 이 개념을 분석적·경험적으로 추적 가능하게 해주는 접근법 한 가지를 명확히 밝히고자 합니다. 단수 개념의 중국 문명이나 단순하고 통일되고 일방향적인 중화화 과정에 대해 언급하기보다, 중국 문명을 갈등하는 복수의 전통들에 의해 형성된 것으로 이해하고 중화화를 복합적인 일련의 과정들로 이해하고자 합니다.[50]

49 Callahan (2010).

50 Holcombe (2001), p. 221.

문명화 과정들

중화화와 같은 문명화 과정들은 최근 몇 십 년간 사회과학 분야에서 점점 더 보편화되고 있는 한 가지 특이한 분석 방식을 필요로 합니다. 이 분석 방식은 과정과 메커니즘들에 대한 관심의 증가로 표현됩니다. 이것은 관련된 법칙의 설명 논리와 통계적 설명의 상관 논리에 의존하는 좀 더 전통적인 변수 중심의 언어를 보완해주는 분석 방식입니다. 메커니즘이란 고도의 인과적 이야기causal story 내부에 뿌리박고 있긴 하지만 잠재적으로는 그 인과적 이야기로부터 독립돼 있는 하위 과정의 연계점들을 말합니다.[51] 이와 반대로 인과적 모델이나 이론 또는 서사는 복수의 과정들의 배열에 의존하는 경우가 많습니다. 이는 하나 이상의 문맥에서 일련의 최초 조건들이 어떻게 일련의 최종 결과와 변이들을 만들어내는지 설명해주기 위해서입니다. 과정과 정책, 관행들에 초점을 두는 문명 분석은 이와 같은 연구 전통에도 잘 들어맞습니다.

중화화와 같은 대규모의 문명화 과정을 권력의 동원과 전환, 확산이라는 고정 모델로 설명하려 하기보다는, 차라리 찰스 틸리Charles Tilly의 충고를 따라 중화화의 하위 과정들에 초점을 맞춰 관행과 정책의 구체적 요소들을 특별히 강조하는

---

51 Stinchcombe (1991), pp. 380–82; Mayntz (2004), pp. 243–45.

것이 더 현명해 보입니다.[52] 관행과 정책들은 행위와 말에서 문명들이 왕성한 불일치를 특징으로 한다는 사실을 분명히 드러내줍니다.[53] 관행과 정책이 결합되면 여러 가지 상이한 결과들이 도출됩니다. 그와 같은 결과의 하나인 문화 제국주의는 흡수하거나 대체 또는 파괴하고자 하는 다른 문명에 대해 하나의 문명이 자신의 규범과 관행을 일방적으로 강제하는 과정을 설명해줍니다. 두 번째 결과는 수입된 정책과 관행의 형식이나 내용을 토착 행위자들이 전면적으로 채택하는 과정을 설명해줍니다. 마지막으로, 세 번째 결과는 주요 문명들 사이의 관계에서 가장 전형적인 결과인데, 그것은 문명 과정을 정의해주는 타협give-and-take 속에서의 선택적 전유를 통해 토착 규범과 관행들이 이종교배되는 현상을 설명해줍니다. 타협 과정은 정보와 사상, 가치, 규범, 정체성과 같은 형식으로 문화적 요소들이 교환되는 것을 의미합니다. 이종교배는 문명들 사이에서 발생하는 정책과 관행의 균형 변화를 명확히 보여줍니다. 요컨대 중화화는 초문명적 교섭, 문명 간 접촉, 그리고 산발적인 문명 충돌의 과정들 속에 잘 나타나 있습니다.

중화화는 유럽화 및 미국화, 일본화, 인도화, 이슬람화와

52 Tilly (2001), p. 37.

53 Laitin (1988).

같은 여타 문명화 과정들과 유사합니다. 이 과정들은 지속적으로 진행되지만, 국가와 정체, 제국 등의 권력이 상승할 때 특히 대중에게 주목받게 됩니다. 하지만 권력이 사라지더라도 이 과정들은 지속됩니다. 문명화 과정들은 양방향 도로와 같은 방식으로 작동합니다. 그것들은 다른 문명을 향해 방사放射됨으로써 '타자'에 영향을 미칩니다. 그리고 나머지 다른 문명들과의 광범하고 집중적인 관계들을 강화함으로써 '자아'를 재구성하기도 합니다.

노르베르트 엘리아스Norbert Elias[54]는 문명화 과정에 대해 우리의 관심을 촉구해왔습니다. 구체적으로 말하면, 이 과정은 한때 예절이 없고 투박했던 유럽의 귀족계급이 공손한 예절을 채택하는 과정을 말합니다.[55] 국내 사안들에서도 그렇지만, 문명화 과정은 부수적 효과를 발생시킵니다. 자아와 타자 사이에 명확한 경계선을 긋는 사회적 집단과 국가들은 스스로의 권력과 특권의 강화를 추구합니다. 문명의 우월성을 하나의 조건으로 주장하는 것은 하나의 정치적 도구입니다. 그것은 변할 수도 있고 역전될 수도 있는 문명화 과정과는 거의 무관합니다. 혜택을 받는 내부 집단과 혜택을 받지 못하는 외부 집단 사이에 권력 편차가 아주 클 경우에는, 사람들

---

54 [편집자 주] 노르베르트 엘리아스(1897~1990). 독일 출생의 영국 사회학자로 문명화 과정에 대한 이론으로 유명하다. 권력, 행위, 감정, 지식 간의 관계를 중점적으로 다루었다.

55 Elias (2000), (1978); Linklater (2011), pp. 154-93.

이 그와 같은 권력 편차를 불변의 것이라고 여기는 일이 정상적인 것이 됩니다. 19세기에 이는 사실이었습니다. 당시 유럽 국가들은 문명의 유일 표준을 세웠다고들 여겨졌고 세계 여타 지역 상당 부분에 대한 유럽의 지배는 이에 따라 정당화됐습니다.[56] 그러나 권력 편차가 이동하게 되면 불변하는 문명의 조건들로 간주되던 것들로부터 변화 가능한 문명화 과정들로 우리의 관심도 이동하게 됩니다. 지금의 중국, 아시아 인접국들, 미국, 유럽 사이에서 이 편차가 발생하고 있는 것은 명백합니다.

이 과정들은 야누스의 얼굴을 하고 있습니다. 한쪽 얼굴은 전면적 흡수를 통해서건, 지배적인 문명의 관행을 '타자'가 좀 더 엄밀히 따르게 만드는 방식을 통해서건 '타자' 문명을 '자아' 문명과 좀 더 유사하게 재구성하는 과정을 설명해줍니다. 다른 쪽 얼굴은 '타자'가 '자아'의 모습들을 차용함으로써 문명의 중심부civilizational center에 대해 스스로 영향력을 행사하는 과정을 설명해줍니다. 첫 번째 과정은 문명의 중심부에 의한 전형적 외연 확대로 이해되고, 두 번째 과정은 다양한 문명의 주변부나 다른 문명 속에 위치한 행위자들의 관행을 전형적으로 지칭하는 것입니다. 문화 제국주의 이론의 경우처럼 타자에게 일련의 관행들이 강요되는 경우와 달리, 문명

56 Gong (1984); Barth and Osterhammel (2005).

화 과정들이 스스로 선택한 관행들을 반영하는 경우도 흔합니다. 이 두 가지 과정은 전형적으로 동시에 발생합니다. 한쪽 끝에는 조너선 자이틀린Jonathan Zeitlin이 미국화의 구체적 사례를 예로 들어 주장하듯이, 중심부가 어떤 식으로도 스스로는 변화하지 않은 채 최고 문명 관행들을 단순히 확산시키는 경우가 있습니다. 다른 쪽 끝에는 주변부의 자기반성적 행위자들이 중심부 문명의 영향을 상호 의존적인 요소들의 효과적 전체로 재조직하고 흡수해내는 경우가 있습니다.[57] 고도로 쌍방향적인 이 과정은 문명의 중심부와 주변부 모두에 긍정적 영향과 부정적 영향을 미칠 수 있습니다.

불행하게도 우리에게는 국제정치의 문명화 과정을 분석하는 데 필요한 충분히 발전된 개념적 분석 체계가 없습니다. 노르베르트 엘리아스가 국내 사안들과 관련하여 발전시킨 것과 같은 분석 체계가 없는 것입니다. 그럼에도 우리는 폭력 수단의 독점이 없는 상황 속에서 지구적 사안들과 관련된 문명화 과정들이 발생하고 있다는 사실은 알고 있습니다. 이 구조적 조건은 비선형적이고 다지점적multi-sited이고 다방향적일 뿐 아니라 강화될 수도 있고 가역적일 수도 있는 문명화 과정들을 가리킵니다. 이 과정들은 또 지속적으로 재구성되는 복수의 전통들을 반영합니다. 전통은 상이한 정치적 연합의 지

57 Zeitlin (2000), pp. 16–7.

원과 함께 상이한 제도들 속에 구현됩니다. 그러므로 문명의 전통과 과정들은 초월적인 것과 세속적인 것, 보편적인 것과 특수한 것, 전체주의적인 것과 다원주의적인 것, 정통적인 것과 이단적인 것들 사이의 구체적인 대립을 표현하기도 합니다. 다른 분야에서 펼쳐지는 정치와 마찬가지로 문명 정치에서도 행위자들은 자신들이 누구인지를 타자들에게 드러내며 스스로를 발견하기도 합니다. 자신들이 누구인가 하는 문제가 자신들이 무엇을 하는지를 결정합니다. 동시에 자신들이 무엇을 하는지가 자신들이 누구인지를 규정하기도 합니다.[58]

중화화

가장 넓은 의미에서 중화화는 세계를 중국과 중국인들에게 맞춘다는 뜻입니다. 편안한 환경을 만들어내는 데는 국가들의 세계를 넘어 모든 종류의 사회들까지 포함됩니다. 그것은 정부 정책과 사회 관행들을 모두 포함합니다.[59] 여타 문명화 과정들과 마찬가지로 중화화도 문명화된 국가나 정체나 제국의 흥망에 영향을 받습니다. 그것은 자아와 타자의 정체성을 변화시킬 수 있는 관행과 담론들을 포함합니다. 그것

58 Pouliot (2010), p. 39.

59 Wolfers (1962), pp. 67–80.

카젠스타인 코넬대 석좌교수의 강연이 열리고 있는 경희대 오비스홀.

은 또 재중화화 과정처럼 강화의 경우일 수도 있으며, 탈중화화 과정처럼 가역적일 수도 있습니다. 오늘날 중화화에 대한 다수의 사례연구에서 앨런 칼슨Allen Carlson, 쉬신Xu Xin, 주톈뱌오Tianbiao Zhu, 시라이시 다카시Takashi Shiraishi, 스즈유Chih-yu Shih, 캐럴라인 하우Caroline Hau 등은 중화화 과정을 강화하거나 역전시킬 수 있는 메커니즘들, 예컨대 개념적인 해석과 적응, 중개, 경쟁, 확산, 협상, 차용, 창안 등을 확인했습니다.[60] 집합적으로 볼 때 오늘의 중화화는 현재와의 확연한 단절을 형성하지도 않고 예상치 못한 과거로의 회귀를 형성하지도 않습니다. 오히려 그것은 과거와 현재를 재조직해서 새

60 Katzenstein (2012a) 참조.

로운 윤곽으로 배치해냅니다. 중국의 부상에 관한 오늘의 대중적 논쟁에서 많이 등장하는 물화의 태도나 칭송의 태도는 초점을 완전히 벗어난 것입니다. 중화화에 초점을 맞춘다는 것은 복합적인 과정을 드러내고 손쉬운 지름길을 피하는 것입니다.

중국은 동아시아와 인근 해역 상당 부분을 포함하는 중화 질서의 중심에 위치해 있었습니다. 문화적 사안들에서 중화 질서는 내부인들(중화 질서에 포함된 문명인들), 외부인들(중화 질서에 포함되지 못한 오랑캐들), 그리고 중간 집단(문명 중심과의 지속적 교류를 통해 문명화될 수도 있었던 야만인들)을 구별했습니다. 여성과 관련된 은유, 미성년자와 관련된 은유, 역사적 은유 등이 중국의 문화 변방들에 적용된 유교와 기독교, 공산주의의 문화 기획들을 정당화하기 위해 자주 등장했습니다.[61] 경제적 측면에서 중화 질서는 국가 간 관계를 지역 내 위계질서 속에서 정의하게 해준 조공 무역 등의 놀랄 만한 성취와 뚜렷한 관행들을 남겼습니다. 안보 측면에서 볼 때는, 항상 도전의 여지가 있었고 특히 중심 권력이 와해될 경우 그럴 여지가 컸지만, 그럼에도 중화 질서는 아주 오랜 기간, 특히 남쪽과 동쪽에 대해서는 주목할 만한 평화를 유지했습니다. 중화 세계의 구체적인 문화, 경제, 안보 모델

61 Harrell (1995), p. 16, p. 18.

과 관행들은 결코 고정적일 수는 없었으며 항상 도전과 변화에 직면해 있었습니다.

오늘날 중국의 물리적·인구학적 규모와 경제적 성장, 그리고 국가 통합을 강화하고 세계 정치에서 더 큰 결과를 얻으려는 중국 정부의 의지 등을 고려하면, 왜 많은 논자들이 중국의 중앙정부에 관심을 집중하고 그것에 통일성과 정당성을 귀속시키는지 우리가 이해할 수 있을 것입니다. 다른 문명의 경우도 마찬가지겠지만, 중국 문명은 복수의 중화화 전통들과 역동적 과정들을 특징으로 하는 정치 행위를 가능하게 해주는 하나의 복합적 문맥을 제공합니다. 중국 문명이 행위하는 것이 아니라 중국이라는 국가가 행위합니다.

중화화는 낡은 요소와 새로운 요소들을 재조직하며 상이한 영역에서 상이한 방향을 따라 진화하고 있습니다. 장구하고 복합적이며 끝나지 않는 하나의 과정으로서 중화화는 역사적으로 볼 때 중국 영역으로 들어온 비非한족이 궁극적으로 한漢 문명에 동화되는 것을 가리킵니다.[62] 오랜 기간의 민족적 모멸과 주변화와 고립 끝에 중화인민공화국이 국제 무대에 다시 등장했지만, 오늘날까지도 중국 문명의 충동은 상대적으로 불분명하고 정의되지 않은 채 남아 있습니다. 동남아시아와 그 외 다양한 국가에 살고 있는 각계각층의 화교들

62 Rawski (1996), p. 842; Ho (1998), pp. 150–52.

© Agnieszka Bojczuk

중국 상하이의 상점가.

이 처한 정치적 운명의 변화에 비추어보자면, 중화화는 매우 다채로운 일련의 사회적 과정들입니다.[63] 지난 20년간 동아시아 주요 대도시 권역에서 광범한 지역적 소비사회의 등장은 이제 하나의 삶의 현실이 됐습니다. 상층·중상층 중국인들이 이제 다양한 선택을 하기 시작했습니다. 예컨대 베이징어[64]와 광둥어[65], 민난어[66] 중에서 어느 것을 모국어로 선호할 것인지, 자녀들을 위해 어떤 교육을 선호할 것인지 선택하기 시작한 것입니다. 교육의 경우, 영어와 베이징어 교육을 위해

---

63 Shiraishi (2006).

64 [편집자 주] 베이징에서 사용하는 중국의 표준어.

65 [편집자 주] 중국의 방언으로 광둥 성 전역, 광시 성 일부와 난양 각지에서 사용되고 있다.

66 [편집자 주] 중국의 방언으로 주로 푸젠 성과 타이완에서 사용되고 있다.

서 홍콩과 싱가포르 교육 중 어느 것이 더 좋은지, 그리고 대학 교육과 전문교육을 위해서는 영국과 미국 중 어느 곳이 더 좋은지 등에 관한 선택 말입니다. 실제로 시라이시 다카시는 동남아시아를 바꾸고 있는 심상치 않은 여러 가지 변화 가운데 '영중인Anglo-Chinese'의 등장이 가장 중요하다고 지적합니다.[67] 영중인이란 국적과 상관없이 영어에 능통하고 앵글로아메리카의 규범과 관행에 대해 편안함을 느끼는 중국인들을 가리킵니다. 중화화는 동남아시아 사회들의 사회 구성을 이질적이고도 다언어적polyglot인 것으로 만들 것입니다.

과거와 마찬가지로 오늘날도 중국이 중앙과 크게 다른 신념과 관행들을 고수하는 티베트나 신장 같은 지역에 대해 때로 가혹한 조치를 취하는 것이 사실입니다. 그러나 이와 같은 중요한 예외적 사례에도 불구하고 현재와 과거의 중화화 과정은 기본적인 유사성을 공유합니다. 대부분의 경우 중화화 과정은 하나의 방향으로만 흐르지는 않습니다. 오히려 그것은 복합적인 관계망을 형성하면서 많은 방향으로 통행이 이뤄지는 것을 허용할 뿐 아니라 줄기차게 이질적인 사회적·정치적 관행들을 위한 공간을 충분히 남겨둡니다. 만주족의 경우가 인상적입니다. 호핑티Ping-Ti Ho와 에벌린 로스키Evelyn Rawski는 중화화의 정의와 적용, 중요성에 대해서는 서로 의견

67 2007년 5월의 개인적 서신.

을 달리하지만, 두 학자 모두 청조淸朝의 만주족 통치자들이 중국 역사상 전례 없는 다민족 제국을 창시하고 통합하는 데 매우 중요한 기여를 했다는 사실에는 동의합니다. 따라서 만주족은 오늘의 중국이 현대적인 다민족 국가로 등장할 수 있는 토대를 마련했습니다.[68] 만주족은 유교 경전을 국가 이념의 토대로 받아들이고 과거제도와 기타 여러 가지 정책 지침들을 받아들이면서도, 자신들의 '만주적 덕목들Manchu virtues'로 인해 자신들이 중국의 특성을 더 우월하게 대변하는 위치에 있었다는 점을 강조했습니다.[69]

실제로 청 제국의 이미지는 한족의 영향보다 훨씬 많은 것들로 구성돼 있었습니다. 만주족은 명나라 국경 바깥의 동북아에 거주하는 만주족과 몽골족, 한족들로 다민족 세력을 형성하여 명조明朝를 정복했습니다. 성공의 열쇠는 여러 가지 사회적·정치적 차이를 유지할 수 있는 영리한 능력을 중화화와 결합하는 동시에 양쯔 강 이남의 비非한족들을 제국 건설에 참여시킨 것이었습니다. 청나라의 보편적 황권 개념은 청나라가 독자적인 문화적 정체성을 가진 상이한 민족들을 통치할 것이라는 가정에 바탕을 두고 있었습니다. 로스키에 따르면, 중화화 또는 좀 더 정확히 말해 한화漢化는 청나라의 남

68 Ho (1998); Rawski (1996).

69 Kuhn (1990), pp. 66–72.

남부 지방을 시찰하고 황궁으로 돌아오는 청나라 건륭제.

부와 서남부에 살고 있던 소수민족들에게 가장 효과적으로 적용된 프로그램이었습니다.[70] 청나라 황궁에서 중심적 역할을 수행한 한족 지식인 집단은, 자신들과 나란히 존재하며 때로는 제국 관료제의 상층부를 차지하기도 한 별도의 정복 엘리트 집단, 기인旗人[71]들, 그리고 제국의 동족들(만주족, 몽골족, 한족의 후예들)과 권력을 나눠 가져야 했습니다.[72] 이것은 황실이 비한非漢적인 영역인 제국 '외부'와 한漢적인 영역인 제

70 Rawski (1996), p. 831, p. 835.

71 [편집자 주] 청나라의 군사 및 행정 제도인 팔기(八旗)에 속했던 사람들을 말한다. 팔기라는 명칭은 깃발의 색깔에 따라 군대를 여덟 부대로 편성한 데서 유래했다. 기인은 행정과 사법 면에서 많은 특권을 누렸다.

72 Bartlett (1991), pp. 25–6.

국 '내부'에 강제한 행정 구조들에 잘 반영돼 있었을 뿐 아니라, 아편전쟁[73] 발발 당시 중국의 입장에 관한 논란에서 보인 것처럼 중대한 정책 사안들을 둘러싼 의견 불일치의 경우에도 반영돼 있었습니다. 만주족이 되는 것과 중국인이 되는 것은 잘못된 이분법임이 드러났습니다.[74] 청조 시기 한족의 중화화는 동북아시아의 정치적 요소들과 뒤섞이게 됐습니다. 티베트와 신장의 예가 보여주듯이 결코 완전한 통합에는 이르지 못한 이 과정은 결국 하나의 타협 과정이었습니다.[75]

이러한 문화적 변용acculturation과 변이differentiation의 수렴 현상은 중화화 과정들에서 좀 더 일반적인 현상으로 나타납니다.[76] 왕궁우Wang Gungwu에 따르면, 언제나 그랬던 것은 아니지만 적어도 흔히 중화화는 "강제나 지배의 필요성과 연관돼 있지 않은" 경우가 많았습니다.[77] 오히려 중화화는 모방할 가치가 있는 제도적 모델 및 관행의 제공이라는 측면과, 불교와 같은 종교·철학 사상과 기술 등의 물질문화적 부분들을 외부로부터 차용할 수 있는 능력의 측면, 두 가지를 모두 포

73 [편집자 주] 1840년 아편을 둘러싸고 벌어진 청나라와 영국의 전쟁. 대청(淸) 무역 적자 해소를 위해 영국이 청나라에 밀매한 인도산 아편이 경제적·사회적 문제를 일으키자 청나라가 영국의 아편을 몰수했다. 이에 영국이 전쟁을 일으켰고 1842년 청나라가 패하면서 불평등조약인 난징 조약이 체결됐다.

74 Ho (1998), p. 125.

75 Elliott (2001), p. xiv.

76 Osterhammel (2005), pp. 376–81.

77 Wang (1984), p. 9.

함하는 전형적인 자발적 과정의 하나였습니다. 중국의 경제적 부상과 더불어 물질적 권력 균형이 바뀌고 있습니다. 오늘의 중화화 과정에서 받아들이기와 내보내기의 비율 또한 변화하고 있습니다.[78] 이 과정은 복합적입니다. 중국 제국의 경계선 내부를 제외하고 보면 과거의 중화화가 '중국인 되기'를 의미하는 것은 아니었습니다. 지속적인 상호작용의 결과로 중화화는 오히려 다양한 지역적 모자이크 위에 얹혀진 이해의 공유를 형성했습니다. 찰스 홀콤Charles Holcombe에 따르면, 중화화는 "지역의 관습과 동아시아 국제 규범들 간의 열린 대화였지, 중국적인 것을 단순히 몽땅 복제하는 그런 것은 아니었습니다."[79] 그리고 그것은 지금도 마찬가지입니다.

결론

음식은 서양에서 동양으로, 그리고 동양에서 서양으로 흐르는 문명의 재조직화 과정을 설명해주는 훌륭한 예가 됩니다.[80] 19세기의 사치스러운 만찬 외교가 유럽과 미국 엘리트 집단의 한 가지 관점을 형성했는데, 그것은 중국 음식이 몸에

78 Ho (1998), pp. 150–52.

79 Holcombe (2001), p. 224, pp. 219–23.

80 Roberts (2002).

나쁘고 비위생적이라는 인식, 특히 중국에 살고 있던 유럽인들이 보인 그런 인식과는 크게 다른 것이었습니다. 미국 내에서의 중국 요리 확산은 중국 이민자들을 식당이나 세탁업과 같은 서비스산업으로 내몰게 된 차별의 유형들과 긴밀하게 연관돼 있었습니다. 이와 같은 차별은 미국 대중문화에서 여성화된 중국인 이미지를 한층 더 강화하게 됩니다. 필수적인 식재료를 구할 수 없었기 때문에 중국인 요리사들은 미국인들의 미각에 적합한 요리로 찹 수이chop suey를 발전시키게 됐습니다. 미국의 노동환경, 그중에서도 특히 여성 고용의 증가와 그로 인한 테이크아웃 음식의 수요 증가는 중국 요리의 확산을 부채질했습니다. 그리고 중국에 대한 친밀감이 더욱 커지게 되자 베이징, 상하이, 쓰촨, 후난 등지에서 즐겨 먹는 향토 요리들이 크게 유행하게 됐습니다.

포천 쿠키fortune cookie[81]의 역사는 문명화 과정을 특징짓는 전후 사정을 더욱 구체적으로 보여줍니다.[82] 포천 쿠키는 19세기 일본인들의 발명품이었습니다. 당시에는 누구도 그것을 시장에 내놓을 생각을 하지 못했습니다. 1920~30년대 중국계 미국인들은 일본식 포천 쿠키를 사기 위해 캘리포니아의 일본 과자 가게에 가곤 했습니다. 일본식 쿠키가 1940년대

81 [편집자 주] 운세가 적힌 종이가 들어 있는 쿠키.

82 Lee (2008a, b); Ono (2007a, b). 또한 Mintz (2009) 참조.

에는 완전히 중국화됐는데, 무엇보다 그것은 진주만 공격 이후 일본계 미국인들이 수용소에 갇혔기 때문일 것입니다. 일본인들이 운영하던 가게가 문을 닫거나 이사를 가고, 이제 운세가 담긴 작은 종이 조각은 일본어가 아닌 영어로 적히게 됩니다. 1940년대에 이르면 포천 쿠키는 샌프란시스코와 캘리포니아 남부 지역에서 흔해지며, 특히 휴가 나온 미군 병사들이 즐겨 먹으면서 곧 전국적인 수요가 생깁니다. 1946년이 되면 당시 '중국 포천 티 케이크'라 불리던 포천 쿠키가 물가통제국의 통제 목록에서 빠집니다. 포천 쿠키는 미국의 식당에 들어서고 나중에는 유럽과 전 세계 식당으로 퍼집니다. 중국만 제외하고 말입니다. 중화화는 포천 쿠키의 역사처럼 작동합니다. 의도하지 않은 결과와 역사적 굴곡을 최대한 겪으며 중화화는 동서양에 퍼진 다양한 관행들을 반영하게 됩니다.

문명 정체성과 앵글로아메리카

앵글로아메리카는 서구라고 흔히 일컫는 것 중에서 뚜렷이 구별되는 부분입니다. 저는 미국과 유럽, 아메리카, 그리고 남반구 몇몇 지점에서 통용되는 다양한 전통의 형태로 서구가 존재한다고 주장합니다.[83] 초기에는 대영제국, 그리고 20세기 중반 이후로는 미국의 주도 아래 앵글로아메리카는 세계 정치의 핵심으로 자리 잡아왔습니다. 유럽적 서구와 아메리카적 서구를 연결하는 앵글로아메리카는 독특하진 않아도 확연히 구별됩니다. 다양한 서구는 서로 공존하며, 복수의 근대성을 포함하는 하나의 지구 문명의 일부로서 다른 문명들

83 Katzenstein (2012b); Browning and Lehti (2010).

과 함께 존재합니다. 그리고 다른 모든 문명과 마찬가지로 앵글로아메리카는 복수의 전통과 내적 다원주의로 특징지어집니다. 한때 제국적인 규범과 인종적인 위계에 뿌리박혔던 개념과 관행은 이제 헤게모니 혹은 다자주의multilateralism[84], 그리고 정치적 논쟁의 대상인 여러 다문화주의의 모습으로 나타나고 있습니다. 그 중심에서 앵글로아메리카는 고정적이 아니라 유동적입니다.

공적 담론에서 서구는, 우리가 누구이며 어디서 왔고 어디로 가야 하는지 말해주는 집단 정체성의 가장 포괄적인 원천으로 언급되곤 합니다. 하지만 지그문트 프로이트Sigmund Freud[85]는 『문명과 그 불만*Civilization and Its Discontents*』이라는 글에서, 개별적 자아는 일원적인 것이 아니라 그 어떤 뚜렷한 윤곽 없이 내적으로 이어져 있다고 주장했습니다.[86] 문명의 경우도 마찬가지입니다. 정치적 구성으로서 문명 복합체들은 외교와 동맹 형성 같은 정치적 관행뿐만 아니라 제국, 인종, 주권, 상호 의존 같은 국제 관계의 핵심 개념에 직접적인 영향을 끼칩니다. 이는 상이한 현상 속의 서구 문명이 집단

---

84 [편집자 주] 일정한 원칙에 따라 3개국 이상의 관계를 조정함으로써 구현되는 국가 간의 협조적 관계.

85 [편집자 주] 지그문트 프로이트(1856~1939). 오스트리아의 신경과 의사로 정신분석학을 창시했다. 의식에 떠오르지 않는 정신 활동인 무의식을 연구하는 심층심리학을 수립했다.

86 Freud (1961), p. 13.

정체성의 유일한 원천이라고 주장하는 것이 아닙니다. 집단, 가족, 개인 정체성뿐만 아니라 국가 및 그 속의 여러 지역 또한 상황에 따라 특정한 방식으로 영향을 미칩니다. 하지만 끊임없이 언급되는 '서구'는 일반 대중보다는 엘리트 집단에게 방향감각을 제시하는 가장 보편적인 사회적 범주로 남아 있습니다. 다시 말해 신념을 이해하거나 정부, 집단, 개인이 해야 할 일을 찾아내고자 할 때 방향을 잡아줍니다. '라틴 기독교'라는 구식 개념의 현대적 등가물로 '서구'를 언급하는 것은 상이한 정치적 목적에 기여할 수 있습니다. 예를 들어 인류에게 공헌하거나 해악을 끼치는 서구를 강조한다든지, 다른 가치에 비해 본질적으로 우월하거나 열등한 서구의 가치를 부각한다든지 하는 식으로 말입니다.[87]

복수의 서양

'서양'은 '동양'과는 다른 문명 복합체로서 단수로 불리곤 합니다. 이는 받아들이기 어렵습니다. 아테네 서쪽으로 2,700여 km 떨어져 있으며 비행기로 세 시간이 걸리는 라바트Rabat가 왜 동양에 속하는지는 명확하지 않습니다. 단일한 것으로 여겨지는 동양과 서양은 부정확한 호칭으로 매우 잘못된 세

87 Melleuish (2009), p. 239.

계관을 제시합니다. 예를 들어 유럽인은 러시아와 터키가 유럽의 일부인지 아닌지를 놓고 의견 차이를 보이고 있습니다. 그리고 단수로 표기된 아시아 개념으로 남아시아, 동남아시아, 동아시아에 통일성을 부과하려고 하는 것은 말이 되지 않습니다. 전혀 다른 지역에 살고 있는 사람들 사이에서 통일성은 존재하지 않습니다. 대중적인 전문가나 범아시아주의 정치 이론가의 강력한 상상 속에서만 존재합니다. 서양의 경우도 마찬가지입니다. 단수로 표기된 서양은 존재하지 않습니다. 그것은 복수의 서양이라는 개념으로 대체될 필요가 있습니다. 복수의 서양은 갈등을 보이기도 하면서 서로 공존합니다.

보다 복잡한 시각적 표현과 대조적으로 단색들을 사용해 문명을 표시하는 지도는 잘못된 사회적 동질성을 넌지시 내비칩니다.[88] 저는 앵글로아메리카에 대한 다원주의적 개념을 주장합니다. 앵글로아메리카의 의미와 앵글로아메리카 정치의 실제는 매우 다양합니다. 19세기에는 앵글로아메리카적인 단 하나의 문명 표준이 존재한다고 여겨졌습니다.[89] 더욱이 앵글로아메리카는 인종주의적이고 제국주의적인 개념으로 물든 자유주의의 목적을 달성하는 데 기여했습니다. 20세

88 Huntington (1996), pp. 22–7; Abu-Lughod (1989), p. 34.

89 Gong (1984); Aydin (2007); Bowden (2009).

기 후반 이들 개념은 다문명 세계 속에서 신뢰를 많이 잃었습니다. 다문명 세계에서는 복잡한 주권, 외교 문화, 특수한 관계가 앵글로아메리카의 국제 관계를 특징짓습니다. 최근 수십 년간 앵글로아메리카의 다양한 부분에서 다인종주의, 배아 형태의 세 문화 공존triculturalism, 서로 경쟁하는 다문화주의가 혼합된 민주정치가 나타났습니다.

쉬무엘 아이젠스타트Shmuel Eisenstadt[90], 에드문도 오고먼Edmundo O'Gorman, 제러미 스미스Jeremy Smith는 상호 보완적으로 아메리카를 논하면서 보다 명쾌하게 문명의 관점에서 복수의 서양이라는 개념을 재확인하고 설명했습니다. 이들은 먼저 아메리카를 유럽의 '얼어붙은 파편'이라고 규정한 루이스 하르츠Louis Hartz의 유럽 중심적인 이론을 즉각 거부합니다.[91] 오히려 유럽적 양식은 구세계에서 신세계로 이식되는 과정에서 근본적으로 변형됐습니다. 아이젠스타트의 비교분석은 아메리카 문명의 공통점과 차이점을 모두 강조합니다.[92] 그는 언어와 영토 같은 시원적 척도가 비교적 취약하다는 점을 지적합니다. 그 대신 새로운 집단 정체성이 정착민

90 [편집자 주] 쉬무엘 아이젠스타트(1923~2010). 이스라엘의 사회학자로 사회 변화, 근대성, 문명 등을 폭넓게 연구했다. 변화의 문화적 과정과 구조적 과정 간의 상호작용에 주목했고, 일률적인 발전 과정보다는 내재적인 긴장과 대립을 강조했다.

91 Hartz (1964).

92 Eisenstadt (2002).

북아메리카 식민지에서 인디언과 모피를 거래하는 상인들.

들 사이에서 출현했습니다. 미국에서는 보편주의적 에토스 ethos[93]에 의해, 그리고 라틴아메리카에서는 공식적 위계에 기초한 에토스에 의해 집단 정체성이 고취됐습니다. 사회질서 원리는 서로에게 거울상을 제공했습니다. 영국령 북아메리카는 평등, 성취, 일시적인 개혁적 저항의 성향이, 스페인령 남아메리카는 상명하복, 연고에 기초한 사회적 신분, 주기적인 급진적 저항이 널리 퍼졌습니다. 구유럽 세계와의 관계 속에서 아메리카의 두 가지 변형은 일족인 유럽 사회로부터 자가 분화하는 분기 과정을 겪은 것만큼 서로 충돌하지는 않았습니다. 아메리카에 이식된 개혁과 반개혁의 충동은 영국과

93 [편집자 주] 민족과 사회를 특징짓는 기풍이나 관습.

스페인은 1521년 멕시코를 정복해 300년 동안 통치했다.

스페인 정착민이 공유하고 있던 것, 다시 말해 유럽 식민주의의 경험과 토착민과의 대립에 의해 많은 영향을 받았습니다. 한편 오고먼에 따르면, 라틴아메리카에서 모국의 정치 제도와 관행을 식민주의적으로 모방한 것보다는 미국 정치 프로젝트의 독창성으로 인해 미국은 아메리카 전체와 동일시됐고 미국 시민은 탁월한 아메리카인이 됐습니다.[94] 마지막으로 스미스는 아메리카 문명을 한층 더 세분합니다. 아이젠스타트가 건너뛴 캐나다와 카리브 해 지역의 독특한 변형을 분석하고, 복수의 서양이 존재함을 보여주기 위해 또 다른 변형으로

94 O'Gorman (1961).

아메리카 토착 문명과 미국 남부를 추가합니다.[95]

서양의 일부로서 유럽과 아메리카가 맺는 관계를 놓고 논쟁은 계속되고 있습니다. 아메리카의 보편주의와 프랑스의 보편주의가 서로 경쟁하는 것은 다원적이고 다원주의적인 서양이 존재한다는 점을 보여줍니다. 프랑스 혁명을 유발한 핵심 가치인 자유, 평등, 박애는 프랑스의 자아의식에서 가장 중요한 것으로 남아 있습니다. 또한 언어와 제도를 통해 그러한 자아를 전 세계에, 특히 아프리카에 투영하는 것에서도 가장 중요합니다.[96] 프랑스 당국은 공화주의적 가치가 탈식민지화 이후에도 아프리카와의 '특수한 관계' 속에서 프랑스의 영향력을 보장해주길 바랐습니다. 자칭 보편주의적인 문명화 사명을 추구하는 데 필요한 자원이 부족한 상황에서, 냉전 시기 사하라 사막 이남 아프리카 문명은 프랑스에게 매우 중요했습니다. 정치적으로 언제나 현실주의자였던 드골Charles de Gaulle[97]은 제5공화국 초기에 북아프리카와의 정치적 연계를 끊었습니다. 하지만 그는 프랑스의 위엄이 사하라 사막 이남 아프리카와 깊이 얽혀 있다고 보았습니다. 따라서 아프리

95 Smith (2010).

96 Chipman (1989).

97 [편집자 주] 샤를 드골(1890~1970). 프랑스의 군인, 정치인. 2차 대전 당시 '자유 프랑스 위원회'를 이끌었다. 1958년 프랑스 제5공화국을 발족하고 1959~1969년까지 대통령을 지냈다.

1892년 프랑스 군대의 지휘 아래 아프리카의 다호메이를 침략한 세네갈 척후병들.

카는 프랑스 혁명 속에 구현된 보편주의적인 서구 가치의 필수적인 파트너였습니다.[98] 수십 년 동안 프랑스 당국은 자신들이 독점적 영향권으로 간주한 아프리카에서 미국(과 소련)의 개입이 늘어나는 것을 우려했습니다. 이는 프랑스가 갖고 있는 반미주의의 뿌리 깊은 여러 원인 중 하나였습니다.[99] 이와 유사하게 미국에서도 반프랑스 정서가 주기적으로 분출하곤 합니다. 한 예로 2003년 미국의 이라크 침공으로 인한 위

98 프랑스와 아프리카의 관계에서 흡수와 제휴의 문제는 끊임없이 갈등을 불러일으켰다. 소수의 아프리카 엘리트가 프랑스 사회에 편입되면서 그러한 갈등은 완화됐다. 하지만 프랑스의 소중한 핵심 가치인 인종적 평등에 기초한 인권의 원칙은 프랑스의 인종차별주의적인 담론, 관행, 정책과 충돌했다. Stovall and van den Abbeele (2003) 및 Peabody and Stovall (2003) 참조. 이런 측면과 관련해 프랑스와 앵글로아메리카 사이의 유사성은 그 차이에도 불구하고 명백히 드러난다.

99 Meunier (2007); Mathy (1993).

기가 정점에 달했을 무렵, 미국 의회 구내식당 메뉴판에는 프렌치프라이French fries가 프리덤프라이freedom fries로 표기돼 있었습니다.

복수의 서양과 복수의 아메리카를 입증하는 역사적 사실을 감안하면, 아메리카와 서양을 단일하고 통일된 것으로 다루는 이론은 면밀히 검토될 필요가 있습니다. 지난 반세기 동안 여러 연구자들은 아메리카와 서양이 통일되고 단일한 것인 양 서술해왔습니다. 특히 루이스 하르츠와 새뮤얼 헌팅턴은 '아메리카'와 '서양'이라는 범주에 대한 우리의 사고방식을 형성했습니다. 정치 이론가인 하르츠는 먼저 아메리카의 일원적 자유주의 전통의 전능에 대한 흥미로운 주장을 펼친 다음 더 광범위한 유럽 중심적 문맥에서는 예외주의적인 것으로 보일 수 있는 주장을 전개했습니다. 하르츠에 따르면, 새로 가지를 뻗쳐 아메리카 토양에 뿌리내린 자유주의는, 앵글로아메리카를 구성하는 서양의 다른 부분에 자리 잡은 유럽 정치 이데올로기의 또 다른 파편들과 유사한 것이었습니다. 이 모든 파편들은 하나같이 얼어붙어 있었습니다. 발전을 추동하는 데 필요한 지적인 변증법의 활력이 없었기 때문입니다. 보다 지구화된 새로운 세계가 이들 유럽의 파편에서 보호막을 벗겨내자 다른 문명들로부터 그 활력이 들어오게 됩니다. 이들 다른 문명은 유럽의 이론과 이데올로기의 지적 활력에서 갈라져 나온 파생물입니다. 정치학자인 헌팅턴은 '서양'

과 '여타 문명' 간의 문명 충돌을 주장하면서 자신의 비판자들에게 '우리는 누구인가?'라는 질문을 던지라고 촉구했습니다. 이 질문은 헌팅턴의 마지막 책의 제목이기도 합니다.[100] 헌팅턴은 문명 일반을 논한 다음 미국이라는 특정 대상을 다룰 때에도 문명과 미국 문화 모두에 대해 일원적인 관점을 취했습니다. 하르츠와는 대조적으로 헌팅턴은 자신의 두 저서에서 분명히 정치적이고 규범적인 목적을 갖고 있었습니다. 정체성 문제에 관해 보수적인 관점을 제시하려고 시도했던 것입니다. 하르츠와 헌팅턴은 그 풍부한 통찰과 논쟁적인 저서에도 불구하고, 일원적이고 단일한 범주 안에서 오류에 빠집니다. 이러한 범주는 다원적이고 내적으로 다원주의적인 서양에 직면해 달아나버리고 맙니다.

일원적이고 단일한 설명은 핵심 가치와 명백한 정체성을 둘러싼 광범한 합의의 결정체를 강조합니다. 이는 앞서 논한 하르츠와 헌팅턴의 관점입니다. 그리고 많은 사람들이 이들을 신봉했습니다. 예를 들어 서양의 깊은 균열에 대한 로버트 케이건Robert Kagan의 분석은 미국을 일원적으로 바라보는 관점에 기초합니다.[101] 미국은 자유주의자와 보수주의자 사이의 가벼운 집안싸움이 특징인 위험한 나라입니다. 자유주의

100 Huntington (2004).

101 Kagan (2007).

자와 보수주의자는 똑같이 세계에 무지하고 세계에 위험합니다. 미국 외교정책의 국내적 근거에 대한 이 같은 자유주의적 해석 안에서는 '인종'을 찾아볼 수 없습니다. 책의 색인에도 들어 있지 않습니다. 케이건의 관점에서 서양은 깊이 분열돼 있지만 미국은 근본적으로 통합돼 있습니다. 이와 비슷하게 스티븐 크래스너Stephen Krasner는 자유주의적인 미국에 대한 하르츠의 합의 이론을 바탕으로 미국 외교정책을 설명했습니다.[102] 그리고 월터 러셀 미드Walter Russell Mead는 앵글로아메리카의 중심으로서 미국의 특징은 와스프WASP[103]라는 핵심을 유지하고 활성화한 인종적·종교적 논쟁이라고 주장합니다. 이러한 체계 속에서 오직 유대인만 백인 프로테스탄트 지배 엘리트에 합류하는 데 성공했습니다.[104] 백인의 인종 이론을 무시하는 미드는 '그들은 어떻게 우리를 증오하는가'라는 제목의 장에서 '와스프 혐오자'의 세계에 관해 길게 다루고 있습니다. 그는 '그들과 우리'가 불변의 확실한 경계에 의해 규정된다는 그릇된 가정을 제시합니다.[105] 이런 주장은 앵글로아메리카라는 특정한 경우에 있어서 경험적으로 부정확하고,

102 Krasner (1978); Katzenstein (2013).

103 [편집자 주] White Anglo-Saxon Protestant(앵글로색슨계 백인 신교도)의 약자로 흔히 미국의 주류 지배계급을 의미한다.

104 Mead (2007).

105 위의 책, pp. 54-82.

문명 일반에 적용될 경우에는 분석적으로 결함이 있습니다. 예를 들어 다양한 반미주의에는 자유주의적인 입장이 포함됩니다.[106] 따라서 미국과 서양은 일반적인 진리를 보여줍니다. 그것은 바로 세계의 문명 정치가 불가피하게 다원적이고 다원주의적이라는 점입니다.

서양과 앵글로아메리카는 불변하지 않습니다. 이를 입증하는 데 도움이 되는 것은 서양의 이탈자 혹은 주변부를 분석하는 것입니다. 20세기 전반의 독일과 21세기 초반의 러시아가 그런 경우입니다. 또한 프랑스나 라틴아메리카와 같은 자칭 대안적인 중심 혹은 확장된 주변부 중 한 곳으로부터 서양을 분석할 수도 있습니다. 이러한 연구는 다음과 같은 동일한 결론에 이릅니다. 앵글로아메리카는 경쟁하고 변화하는 정체성 개념, 그리고 다양하고 진화하는 담론과 관행과 정책을 포함합니다.

문명 정체성: 아메리카

토크빌Alexis de Tocqueville[107]은 미국의 민주주의를 분석하면서

106 Katzenstein and Keohane (2007).

107 [편집자 주] 알렉시스 드 토크빌(1805~1859). 프랑스의 정치사상가, 역사가. 서구 사회에서 개인이 시장 및 국가와 맺는 관계, 그리고 개인의 향상된 생활수준과 사회 조건을 분석했다.

국가가 속해 있는 광범한 문명을 감안하여 한 국가의 경험을 다룹니다.[108] 마이클 린드Michael Lind는 그 문명 안에서 서로 다른 민족주의의 갈래, 다시 말해 좌파적인 다문화주의, 우파적인 민주주의적 보편주의, (언어나 문화를 강조하는) 중도 자유주의적 민족주의 혹은 (인종이나 종교를 강조하며) 대중에 영합하는 이민 배척주의적 민족주의를 찾아냅니다.[109] 다문화주의와 민주주의적 보편주의는 정치적·입헌적 보편주의와 문화적·인종적 지역주의의 요소를 포함합니다. 이에 따라 서양과 다른 문명이 새겨져 있는 복수의 근대성이라는 지구적 문명과의 관계를 만들어냅니다. 하지만 그 둘은 미국 예외주의라는 갈래를 포함하기도 합니다. '오바마Barack Obama의 나라'인 미국은 도덕적으로 우월한 민주제도의 화신일 뿐만 아니라 오늘날 세계에서 가장 성공적인 인종과 민족의 도가니로 찬양됩니다. 린드의 주장에 따르면, 이들 두 가지 비전은 "최근의 논의를 거의 독점하다시피 했고 …… 미국은 평범한 민족국가가 결코 아니었다는 데 동의합니다."[110] 린드는 이러한 평가에 동의하지 않습니다. 그는 이질적인 하위문화와 정치·종교적 신조를 공통의 언어와 풍속, 활기찬 고유

108 Swedberg (2007), p. 9.

109 Lind (1995).

110 위의 책, p. 4.

문화에 의해 정의되는 구체적인 역사 공동체와 뒤섞는 자유주의적 민족주의를 주장합니다. 린드에게 미국의 민족주의가 미국적 생활 방식 같은 중요한 문명 개념을 표현하는 관념에 의해 특징지어진 점은 주목할 만한 가치가 있습니다. 그러한 개념은 국민적 정서를 배제하지 않고 미국의 집단 정체성의 본질적인 요소로 삼았습니다.[111] 앵글로색슨(1789~1861)에서 구미(1875~1957)와 다문화(1972~현재)에 이르는 미국 집단 정체성의 역사적 변화는 인종적·종교적·민족문화적 배제의 경계를 계속 확장하고 뒤섞으면서 인종, 문화, 시민권 같은 기본적 구성 요소를 다른 방식으로 배치했습니다. 역사적인 갈등의 강도를 고려하고 앵글로아메리카의 특징인 경쟁하는 다문화주의에 근거하면, 린드가 선호하는 세계시민적 자유주의의 '초超아메리카'는 나타날 것 같지 않습니다. 하지만 만약 그것이 발생한다면, 결국 다문화적인 자유주의와 금권정치적 보수주의 사이의 분열은 극복될 것입니다. 인종을 차별하지 않고 성적으로 중립적이며 개인의 권리와 사회경제적 평등에 대한 헌신을 표방하는 문명적·국가적 정체성을 차별화된 방식으로 혼합하면서 말입니다.

미국에서 경쟁하는 다수의 정체성에 대한 린드의 분석 덕분에, 미국이 하나의 중심 가치와 하나의 중요한 전통을 지니

111 Lind (2006), p. 4, p. 252.

고 있다는 시각은 받아들이기 어렵습니다. 외교정책의 영역에서도 미국은 복수의 전통을 갖고 있습니다.[112] G. W. 부시Bush 대통령의 재임 기간에 잭슨주의Jacksonianism[113]가 다시 언급된 것은 틀림없이 제퍼슨Thomas Jefferson[114]과 해밀턴Alexander Hamilton[115], 윌슨Woodrow Wilson[116]의 전통을 배경으로 합니다. 20세기 중반까지 이들 전통은 인종주의적 색채를 띠었습니다. 인종주의는 1940년대 후반 북대서양조약기구NATO와 동남아시아조약기구SEATO의 결성과 관련해 미국이 취한 다양한 접근 속에서 명백히 드러났습니다.[117]

우드로 윌슨은 미국 국내와 국제 정치의 다양한 전통을 보여주는 좋은 사례입니다.[118] 그는 남부 지지자로 인종적 차이를 줄곧 지지했습니다. 스티븐 스코브로넥Stephen Skowronek의 주장처럼 윌슨은 정치인으로서 일관된 모습을 보였습니

112 Mead (2002); Nau (2013).

113 [편집자 주] 부시 대통령 재임 기간에 이민법 개정이 이슈로 떠오르면서 '미국 민족주의' 분파가 다시 부상했다. 이들은 이민자로 인한 일자리 축소와 외국인의 미국 내 자산 소유에 문제를 제기했다. 이 분파는 대중 중심의 정치를 추진한 앤드루 잭슨(Andrew Jackson) 대통령의 이름을 따 '잭슨주의자'로 불리기도 한다.

114 [편집자 주] 토머스 제퍼슨(1743~1826). 미국 건국의 아버지 중 한 사람으로 독립선언서를 기초하고 제3대 대통령을 지냈다.

115 [편집자 주] 알렉산더 해밀턴(1755/57~1804). 미국 건국의 아버지 중 한 사람으로 국가재정 시스템의 기초를 세우고 미국 최초의 정당을 결성했다.

116 [편집자 주] 우드로 윌슨(1856~1924). 미국 제28대 대통령. 1918년 민족자결주의를 제창하고 1차 대전 후에는 국제연맹 창설을 위해 노력했다.

117 Hunt (1987); Katzenstein and Hemmer (2002).

118 다음 세 문단은 Katzenstein (2010b)에서 따왔다.

다. 그는 인종에 대한 자신의 신념으로 인해 일반적인 이상을 재정비하고 오늘날의 자유민주주의와 관련된 원칙을 공표했습니다.[119] 윌슨은 남부에 대한 연방의회의 횡포를 강력히 반대했습니다. 그는 연방의회의 전횡이 주의 권리에 관한 원칙을 우스꽝스럽게 만든다고 여겼습니다. 남부가 자결권을 가져야 한다는 그의 확신으로 인해 KKK단[120]의 활동이 승인됐습니다. 하지만 제도적인 견제와 균형의 체계가 와해되자, 윌슨은 대중에게 직접 호소하는 강력한 대통령 리더십을 옹호했습니다. 이와 동시에 윌슨과 윌슨주의Wilsonianism는 부자연스러운 헌법 원리를 넘어서는 유기적 진화를 강조한 에드먼드 버크Edmund Burke[121]의 주장을 따랐습니다. 적절한 견제와 균형의 체계가 없고 대통령의 강력한 통치 아래 움직인 미국에서는 정치적 자제력이 가장 중요한 덕목이었습니다. 기존의 표준과 관습, 그리고 논쟁적인 다원주의의 기능이 관념적인 계획보다 중요했습니다. 따라서 윌슨은 집중된 권력의 균등화 경향에 맞섰고 여성의 참정권을 반대했습니다.

국제적으로도 윌슨은 적극적인 외교정책과 미국적 가치

119 Skowronek (2006).

120 [편집자 주] Ku Klux Klan. 미국 남북전쟁 후에 남부에서 생겨난 극우 성향의 인종차별주의적인 백인 비밀결사로 흑인과 흑인 해방의 동조 세력을 적대시했다.

121 [편집자 주] 에드먼드 버크(1729~1797). 영국의 정치인, 정치사상가. 프랑스 혁명에 반대하면서 휘그당의 보수파를 이끌었다. 근대 보수주의의 철학적 기초를 닦은 인물로 평가된다.

1913년 의회에서 연설하는 우드로 윌슨 미국 대통령.

의 확산을 선호했습니다. 아시아에서는 1차 대전 말기에 인종적 평등 조항의 거부를 지지한 것으로 가장 잘 알려져 있습니다. 윌슨은 자신의 독트린을 보편적으로 적용하는 것보다 강대국들이 협정을 안정화하는 데 합의하도록 만드는 것에 더 큰 관심이 있었습니다. 윌슨은 국제연맹을 보수 세력으로 간주했기 때문에 공화당의 많은 상원 의원이 그의 정책을 반대했습니다. 이들은 강대국의 새로운 제휴 속에서 미국이 해방 세력으로 행동하지 않고 억압 세력으로 강화될지도 모른다고 우려했습니다. 이러한 우려가 전혀 근거 없는 것은 아니었습니다. 윌슨은 인도에 대한 영국의 평등 정책을 비판하는 버크를 따랐습니다. 윌슨은 확고히 유기적 관점에서 독립을 향한 진보를 바라보았습니다. 더 문명화된 이들이 덜 문명화된 이들을 도와 궁극적인 자치를 향한 발전을 촉진할 수 있다고 본 것입니다. 따라서 그는 필리핀을 후견하는 미국 제국과 흑인을 후견하며 지배하는 미국 남부를 지지했습니다. 그에게 집단 안보는 고정적이지 않았습니다. 권력균형과 마찬가지로 유기적이고 진화적이었습니다. 그래서 윌슨은 위임통치와 유럽의 전쟁 억제 시스템을 옹호했습니다.

미국은 '지배 민족 민주주의'에서 '문명 제국'으로 변화하면서, 20세기 초에 미국의 첫 번째 윌슨주의 국면을 특징지었던 인종주의 전통을 포기해야 했습니다.[122] 2차 대전 말인 1940년대 후반부터 1960년대 중반 사이에 유대인 대학살과 탈식민주의 운동을 겪으면서 미국 지도자들은 미국에 깊숙이 자리 잡은 인종주의 유산과 결별했습니다. 결국 이러한 전환은 미국 남부의 정치적 역할을 중도좌파와 중도우파의 서로 상이한 국제주의 전략의 요충지로 바꾸면서 널리 수용됐습니다. 따라서 미국의 문명 제국은 유럽의 다양한 대륙 및 해양 제국처럼 인종주의적 독트린에 젖은 단순한 군사 제국이 아닙니다. 오히려 몽골과 이슬람 제국의 포괄적 전통과 밀착돼 있습니다.[123]

다문화주의 정치는 미국의 다른 전통에서 나타난 발전상

---

122 Lieven (2004), pp. 41–7.

123 Chua (2007).

들과 그 발전이 미국의 문명 제국에 미친 영향을 보여줍니다. 그러한 발전 중 하나는 미국의 종교 근본주의가 세속적인 인권 운동을 보완하면서 믿음에 기초한 인권 외교에 강력한 자극을 주었다는 점입니다.[124] 마찬가지로 공화국의 태동 이후 경제적 자유주의는 경제적 보호주의와 치열하게 싸우면서 공생해왔는데, 강력한 분파적 토대를 갖고 서로 경쟁하는 정치적 이데올로기와 전통 사이에서는 싸움이 끊이지 않았습니다.[125] 미국 국내에서는 서로 경쟁하는 다양한 전통이 정치적 연합의 승리와, 시간이 흐르면서 등장하는 제도의 모습으로 나타납니다. 국외에서는 당대 세계정세의 형성에 기여한 미국화 과정을 창출하는 데 일조했습니다.

제임스 커스는 서양 역사를 계보학적으로 설명하면서 오늘날의 지구 문명에 혼합돼 있는 고대, 기독교, 서구의 연속적 국면을 추적합니다.[126] 영국 계몽주의뿐만 아니라 잉글랜드 청교도와 스코틀랜드 장로회 종교개혁의 미국적 뿌리는 유럽 대륙의 발전과는 뚜렷이 다른 갈래를 만들었고, 이 갈래는 서양 문명에 대한 19세기 유럽 개념의 진정한 대안이 됐습니다. 미국의 정치발전은 계약과 헌법에 의한 지배를 촉

124 Hertzke (2004).

125 Trubowitz (1998).

126 Kurth (2010).

진하면서 자유민주주의와 시장 자본주의 제도를 규정했습니다. 커스의 시각에 따르면, 미국적 교의로 결정화된 미국의 정치발전은 완전한 각인을 거치지 않은 채 복수의 근대성을 가진 지구 문명이 나타나는 데 강력한 영향을 미쳤습니다. 유럽 강대국의 쇠퇴로 연이어 밀려드는 이주민을 가차없이 미국화하고 국외에서 국제적 리더십을 활발히 발휘한 것은 그러한 과정의 필수적인 부분이었습니다. 20세기 후반 파시즘 및 공산주의와의 지구적 대립이 특징이었던 미국과 서방 동맹의 협력은 이제 새로운 정치적 연합과 발전에 자리를 내주고 있습니다. 미국 내부에서는 이견으로 인해 깨지기 쉬운 다문화주의적 합의가 변화된 미국적 교의와 경쟁을 벌이고 있습니다. 그리고 개인의 인권을 지지하는 지구 문명과 개인의 번영을 촉진하는 지구 시장이 확립됐습니다.

복수의 미국 전통의 중요성과 이들 전통이 초래한 정치적 갈등은 미국 예외주의라는 소중한 신화에서 손을 떼는 것을 함축합니다.[127] 오히려 지구적 문맥에서 다른 것과의 비교를 통해 미국의 특수성을 강조하는 것이 더 타당합니다.[128] 미국은 한 가지 옷감으로 재단된 것이 아닙니다. 자유주의적인 것과 비자유주의적인 것, 세속적인 것과 종교적인 것 등 다양한

---

127 Lipset (1996); Ignatieff (2005).

128 Bender (2002), (2006); Pagden (1995).

전통으로 이뤄져 있습니다. 과거에는 종교적 차이에 대한 관용이 지구 정치에서 미국이 영향력을 행사하는 데 필요한 결정적 전제 조건이었습니다. 1945년 이후 미국이 점한 지구적 우위는 민족적이고 인종적인 관용과 함께 이어져왔습니다.[129]

결론

미국 내의 권력정치 주창자들은 군사력이 뒷받침된 통합적 주권 개념을 단호히 드러내 보이면서 로마가 걸어간 길을 따라가고 있습니다. 이와 대조적으로 새로운 유럽은 분할된 주권과 네트워크를 통한 의사 결정의 합의로 이뤄진 신성로마제국으로 되돌아가는 중입니다. 유럽은 그 중심으로 안보 공동체를 구성하고 있는데, 이 안보 공동체의 특징은 평화로운 변화의 가능성, 그리고 미국이란 '타자'와는 다른 '자아'를 의식적으로 공식화하는 것입니다.[130] 오늘날 유럽의 규범적 권력은 다음과 같은 사실에 뿌리를 두고 있습니다. 새로운 유럽은 과거의 미국이 동의한 가치를 찬성하고, 새로운 미국은 과거의 유럽이 추구한 가치를 고수하고 있습니다. 시간이 흐르면서 권력의 균형과 경쟁하는 가치가 변함에 따라 유럽과 미

129 Chua (2007), pp. 233–66.

130 James (2006), pp. 118–40.

국은 서로 자리를 바꾼 것입니다. 유럽과 미국에 강함의 가치를 지지하는 이들과 약함의 가치를 옹호하는 이들이 있었기 때문입니다. 데이비드 헨드릭슨David Hendrickson은 "서양 문명에 깊이 새겨진 신의 섭리를 함축한 신비로운 과정을 거치면서 유럽은 결국 미국이 시작한 곳에 놓이게 됐다"고 말합니다.[131] 이러한 전환을 통해 복수의 문명 정체성과 관행이 존재한다는 점을 다시 확인할 수 있습니다.

문명을 연구한 오스발트 슈펭글러Oswald Spengler[132]는 고대 혹은 서양 문명이 다른 문명에 비해 특권적 위치에 있지 않다는 사실을 획기적인 발견으로 기술하는데, 다른 문명은 "대중의 관점에서는 고대 문명만큼 역사 일반에서 중요하지만, 종교적 위대함과 치솟는 권력의 관점에서는 고대 문명을 능가하곤" 합니다.[133] 서양은 독특하지만 우월하거나 유일하지는 않습니다. 더구나 미국과 유럽은 서양의 다원적이고 다원주의적인 특성을 보여줍니다. 하지만 다양한 형태의 서양 문명을 단순히 다른 문명과 나란히 놓는 것은 실수일 것입니다. 다른 모든 문명과 마찬가지로 서양은 자신의 구성 요소보다 더욱 크고 더욱 포괄적인 공통의 문맥에 새겨져 있습니다.

---

131 Hendrickson (2006), p. 26.

132 [편집자 주] 오스발트 슈펭글러(1880~1936). 독일의 역사가, 역사철학자. 발생부터 쇠퇴까지 문명의 수명을 논하면서 서구의 몰락을 예언했다.

133 Cox (2000), p. 218, 각주 5번; Spengler (1939), p. 18.

문명 정치의 논리

다른 모든 문명과 마찬가지로 중국과 앵글로아메리카 문명도 복수의 근대성을 포함하는 하나의 지구 문명 속에 새겨지게 됩니다. 지구 문명은 두 교량 문명, 다시 말해 모든 정치적 통일을 거부해온 이슬람 문명과 앵글로아메리카 문명을 서로 연결해줍니다. 알리 알라위Ali Allawi에 따르면, "이슬람 정치 행위의 현실적 최종 목표인 범이슬람 통일 사상은 예컨대 영어 사용자 세계 연합과 마찬가지로 실체가 없는 것입니다."[134] 동서양의 상이한 여러 지역에 기반을 두고 있는 이슬

---

134 Allawi (2009), p. 154. 프랑스 혹은 라틴아메리카 같은 다른 서양 문명이나 변형이 지구 문명에 교량을 제공할 가능성은 논외로 한다.

람 문명은 세네갈에서 인도네시아까지 이르는 광범한 지리적 편재를 두드러진 특징으로 하고 있으며, 이슬람권의 정치 행위자들이 스스로의 문명 진정성을 염원할 때 모든 곳에서 어느 정도의 권위를 부여합니다. 앵글로아메리카 문명 또한 전 지구적으로 퍼져 있긴 하지만, 민주주의적 자본주의가 서양의 여러 지역을, 복수의 근대성을 포함하는 지구 문명의 핵심 측면들과 연결해준다는 점에서 그 방식은 다릅니다. 미국의 이슬람 문명은 미국의 국내 문제와 관련해 이슬람 문화가 미국 문화와는 내적으로 상당히 다르다는 생각이 거짓임을 보여줍니다. 따라서 '이슬람 대 서양'이라는 흔한 구절에 표현된 명확한 구분에 대해서도 근본적 도전을 던집니다.[135] 마찬가지로 오늘의 이슬람과 중동 정치를 변화시키고 있는 아랍의 봄에도 미국적 요소가 많이 들어 있습니다. 이슬람 문명은 세계 곳곳에서 그것을 포함하고 있는 지구 문명에 수평적으로 연결돼 있습니다. 앵글로아메리카 문명은 문명의 상이한 차원들을 수직적으로 가로질러 연결해줍니다.[136] 이슬람 문명과 앵글로아메리카 문명은 상이한 방식으로 동양과 서양을 연결해줍니다.

동양과 서양이라는 호명은 명백한 사실 한 가지를 은폐하

---

135 GhaneaBassiri (2010), p. 4.

136 Inglis (2010), p. 141; Perdue (2008).

워싱턴의 이슬람 센터를 방문한 조지 부시 미국 대통령.

는 편리하고 잘못된 지름길입니다. 복수의 내적 '자아들'이 전형적으로 외적 '타자'의 중요한 요소들을 포함한다는 사실 말입니다.[137] 이것은 이슬람의 예술, 과학, 의학, 건축, 문학 등이 앵글로아메리카와 서양의 여타 지역들에 끼쳐온 심대한 영향력의 경우에도 마찬가지입니다. 또한 서양 일부 지역과 앵글로아메리카가 이슬람의 내부 논쟁에 끼쳐온 영향력의 경우에서도 이것은 사실입니다. 이슬람 문명과 앵글로아메리카 문명의 두 가지 경우가 보여주듯이, 문명들은 교환과 관계맺기를 통해서 탄생하고 진화합니다. 그것들은 자족적이고 일관된 가치 체계와 통일된 일련의 관행들로 탄생하는 것이

137 이를 개념화하는 데 도움을 준 재니스 스타인(Janice Stein)에게 감사의 마음을 전한다.

© Jonathan Rashad

2011년 이집트 카이로의 타흐리르 광장에 모인 반정부 시위대.

아닙니다. 역사의 궤적 속에서 볼 때 문명들의 끝은 열려 있습니다. 문명들은 예정된 도정을 따르지 않습니다. 동시에 어떤 문명의 내적 '자아'가 가진 일관성은 외적 '타자'에 의해 사실상 강제될 수도 있습니다. 그것은 외적 '타자'가 좀 더 확고하고 간절하게 자신의 정체성을 표현하고자 하고 그에 따라 문명의 일관성이라는 영속적 개념에 간접적으로 기여하게 될 때 나타나는 현상입니다. 문명의 전초기지는 전기 자극과 같은 효과를 가질 수 있는데, 그 예는 중세 시기의 지중해 서쪽 안달루시아와 오늘날의 지중해 동쪽 팔레스타인 지역에서 볼 수 있습니다. 유동성과 개방성이 정치적으로 적절한 때를 놓쳤다든지 혼란스럽거나 위협적일 때는, 문명들을 실제와는 다른 어떤 것 또는 가치들의 결정체로 상상하기 쉽습니다.

그와 같은 상상 행위는 기본적으로 정치적입니다.[138] 변화와 안정에 대한 열망이 상호 연관된 세계는 지적·정치적 홍행사들을 불러들여 문명 정치가 펼쳐질 조건을 제공할 수도 있는데, 그들이 제시하는 문명 정치는 경험적 현실과 일치하지 않는 욕구들에 반응합니다. 『연방주의자 논문 *The Federalist Papers*』의 두 번째 논문은 설득력 있는 예를 하나 제시합니다. "신의 섭리는 하나로 통일된 우리 국민에게 하나의 국가를 기꺼이 주셨으니, 우리 국민은 같은 조상의 피를 물려받았고, 같은 언어를 사용하며, 같은 종교를 믿고, 같은 통치 원리를 고수하며, 풍속과 관습이 매우 유사할 뿐 아니라, 합치된 계획과 무력과 노력으로 피로 얼룩진 오랜 전쟁에서 어깨를 나란히 하고 싸워서 마침내 고귀한 전면적 자유와 독립을 쟁취해냈다."[139] 역사적 사실의 문제로 보건대 18세기 말에 이뤄진 이런 묘사는 터무니없이 잘못된 것입니다. 그럼에도 이와 같은 호소가 통일된 하나의 미국 국민을 탄생시키기 위한 의식적인 정치적 시도였음을 우리가 이해한다면, 이것은 상당히 의미 있는 말이 됩니다. 존 제이John Jay[140]가 묘사하고자 한

---

138 내 주장의 함의를 명확히 하고 진전시킬 수 있도록 독려해준 스테파노 구치니(Stefano Guzzini)에게 감사의 뜻을 표한다.

139 Hamilton, Madison, and Jay (1961), p. 38. 이 인용문이 내 주장과 연관돼 있음을 알려준 앨리슨 매퀸(Allison McQueen)에게 감사의 말을 전한다.

140 [편집자 주] 존 제이(1745~1829). 미국 건국의 아버지 중 한 사람. 1783년 미국 독립을 승인하기 위해 영국과 미국이 맺은 파리 조약에 서명했으며, 초대 연방 대법원장을 지냈다.

1776년 미국 독립선언서 초안을 의회에 제출하는 5인의 기초 위원.

경험적 현실은, 그가 미래에 궁극적으로 성취되기를 희망한 매우 사려 깊은 하나의 정치 기획이었습니다.

과거에 대한 우리의 이미지 형성에 이와 동일한 정치가 활용될 수도 있습니다. 예컨대 교황으로 선출되기 직전인 2004년의 어느 인터뷰에서 라칭거Ratzinger 추기경은 다음과 같이 언급했습니다. "유럽은 지리상의 대륙이 아니라 하나의 문화적 대륙입니다. 유럽에 공통의 정체성을 부여하는 것은 문화입니다. 유럽을 형성하고 유럽 대륙의 형성을 가능케 한 근간은 기독교입니다 …· 이런 의미에서 보면 역사적으로 터키는 항상 다른 대륙을 대변하며 유럽과 항구적으로 대립했습니다."[141] 유럽 역사에 대한 라칭거 추기경의 이와 같은 입장은 역사적으로도 문제가 있으며 고도로 정치적인 것이기도 합니다. 이것은 이베리아 반도에서 500년 동안 이슬람이 수행한 두드러진 역할을 간과하고 있습니다. 이것은 유럽 동남부 지역 일부에서 이슬람이 가진 영향력을 무시하고 있습니다. 이것은 또 흔히 비유럽 사회들을 후진적인 것으로 낙인찍고 마는 직선적 역사관을 인정하고 강화하는 것입니다.[142]

존 제이와 라칭거 추기경의 입장은 의식적으로 정치적인 것입니다. 차이들 속에서 공통성을 추구하려는 초문명적 연대는 그와 같은 전망에 대해 위협을 느끼는 반동적 연대의 저항에 직면하게 됩니다. 다원주의적이고 세계시민주의적인 연대는 일원적이고 민족주의적인 연대와 동시에 존재하게 됩니다. 이 두 가지는 서로서로를 변증법적으로 강화하기도 하고 동시에 훼손하기도 합니다. 미래를 향해 확장되거나 과거를 향해 확장됨으로써 시원을 좇는 정치는 모든 문명 정치의 절대적 구성 요소가 됩니다. 그러나 그것이 결코 문명의 총체를 정의해주지는 않습니다. 다원적이고 다원주의적인 문명들의 세계는 복수의 근대성을 포괄하는 하나의 문명 속에 새겨져 있습니다. 이 문명은 보편적 자유주의 세계 질서나 민족

141 Magister (2009). 이 인용문과 관련해 아르투로 산타크루스(Arturo Santa-Cruz)에게 감사의 뜻을 표한다.

142 Zarakol (2011), pp. 53-6, pp. 240-55.

주의적이고 보수적인 세계 질서와는 다른 것입니다. 내적인 다원성과 외부와의 접촉, 교섭, 간헐적 충돌 등은 동시에 진행됩니다. 모든 문명의 경우에서 그렇듯이, 복수의 근대성을 가진 하나의 지구 문명은 어느 하나의 구체적인 기원, 예컨대 서구 계몽주의나 지구적 움마umma[143]에만 뿌리를 두고 있는 것이 아닙니다. 반대로, 경험적 탐구와 규범적 탐구에 모두 열려 있는 이 포괄적인 문명은 이질적인 삶의 세계 속에서, 그리고 이질적인 문명들 사이의 간극과 기로에서 탄생합니다.

우리는 복수의 근대성을 포함하는 하나의 지구 문명 속에서 살고 있습니다. 그것은 초문명적 연합에 의해 옹호되는 관행들로의 수렴, 그리고 그에 반발하는 연합에 의해 지지되는 문화 프로그램들에 근거한 확산 모두를 특징으로 하고 있습니다. 이러한 갈등은 차이 속에서 통약성通約性을 찾아내려는 자유주의의 다양한 투쟁을 연상시킵니다. 예컨대 제니퍼 피츠Jennifer Pitts는 19세기 전반의 관용적이고 다원주의적인 자유주의적 보편주의가 19세기 후반에 이르러 식민지 사회에 대한 개입 정책을 고수한 제국주의적 자유주의에 자리를 내준 과정을 추적해왔습니다.[144] 우다이 메타Uday Mehta 또한 두

143 [편집자 주] 이슬람적으로 통일된 세계 또는 이런 세계의 일부를 이루는 결사체라는 뜻이다.

144 Pitts (2005), p. 21.

종류의 세계시민주의 사이에 이와 유사한 긴장이 있음을 밝혀주고 있습니다. 이성의 세계시민주의는 스스로의 추상적 논리에서 도출한 확신들이 일반화될 수 있다고 자신 있게 주장하며, 불명료한 세계를 개입주의적이고 진보주의적인 스스로의 기대와 연결시킵니다. 감성의 세계시민주의는 실용주의적인 겸손의 태도와 상호 이해에 대한 희망을 드러냅니다. 상호 이해란 구체적이고 독특한 현상들 속에서 불가해하고 낯선 것들을 해독해내려는 흔들림 없는 노력을 의미합니다.[145] 자유주의적 세계시민주의가 처한 이와 같은 난관은 오늘날까지도 지속돼오고 있습니다. 예를 들어, 오늘날의 인도주의적 협치에 대한 마이클 바넷Michael Barnett의 논의는 양의 탈을 쓴 인간애의 제국까지는 아닐지라도 분명 제국주의적 요소를 가질 수밖에 없는 여러 가지 조치와 관행들의 긴장과 모순들을 잘 포착하고 있습니다.[146] 동서양 내부와 그 사이에서 계속되는 초문명적 연합과 그에 반발하는 연합의 갈등은 결코 특이한 것이 아닙니다.

단성적單聲的이거나 분기分岐하는 문명 전통과 관행에 의해 통약성이 불가능해지는 것은 아닙니다. 통약성은 오히려 모든 문명 복합체들을 특징짓는 세속적·종교적 전통들의 다양

145 Mehta (1999), pp. 17–9, pp. 210–17.

146 Barnett (2011), p. 221.

성에 의해 이뤄지는 부분적 중첩으로부터 탄생합니다. 무라카미 야스스케Yasusuke Murakami와 마이클 만Michael Mann의 용어를 빌려서 표현한다면, 이와 같은 부분적 중첩이 제가 다형적多形的 지구화polymorphic globalism라고 부르고자 하는 현상을 가능케 해줄 공간을 창출합니다.[147] 그것은 끊임없는 과정들을 만들어내며, 그 과정에는 평화적 협상과 갈등적 타협, 무자비한 간헐적 강제와 전면적 복종이 모두 포함됩니다.

제가 여기서 제시한 입장과는 다른 주장들을 지지하며 다형적 지구화를 망각하는 보수주의자들은, 다양한 문명이 존재하는 세계 속에서도 문명의 일원적 개념을 고수하는 한편 적절한 행동에 관해서는 오히려 복수의 기준들을 받아들입니다. 자유주의자들은 정반대의 논리를 따릅니다. 흔히 그들은 주어진 하나의 문명 속에 다양한 문명 프로그램들이 존재한다는 사실은 흔쾌히 인정하면서도, 문명 간에 바람직한 단일한 행동의 표준이 있다는 관념을 포기하는 데는 난색을 표합니다. 이것은 실패한 국가, 바람직한 협치 기준, 재산권 문제, 투명한 시장 등을 둘러싸고 벌어지는 광범하고 열띤 논쟁에서 잘 나타납니다. 이 모든 문제들과 다른 많은 문제들에 대한 자유주의자들의 주장은 바람직한 행동에 대해 의문의 여지가 없는 단일 기준이 존재한다는 가정에서 출발하는 경우

147 Murakami (1996); Yamamura (1997); Mann (1993), pp. 44–91.

가 허다합니다. 미국과 유럽의 대중적 자유주의 담론에서 서양은 거의 언제나 단수로 지칭됩니다. 서구적 이성의 성숙에 기초해 세계의 모든 부분을 통합할 수 있는 보편적이고도 실질적인 완벽성의 한 형태로 말입니다.

이런 관점은 타당하지 않습니다. 다형적 지구화는 하나의 공통 기준을 나타내는 것이 아니라 공유된 가치들의 느슨한 인식을 나타냅니다. 그것은 공통의 인간성 속에서 더러는 모순적인 다양한 관념들을 수반합니다. 이 느슨한 인식은 모든 인간의 물질적·심리적 안녕을 중심에 두고 있습니다. 모든 '인간들'의 '안녕'과 인권은 더 이상 특정 문명이나 정치 구조의 특권 또는 산물이 아닙니다. 이런 목적에 봉사하는 과학과 기술은 독자적 생명을 얻은 뒤에 모든 문명과 정체들에 대해 일종의 대본을 제공하는 탈영토화 과정들입니다. 다형적 지구화는 실천에 필요한 정치적 행로를 구체적으로 제시하지 않습니다. 그럼에도 그것은 오늘날 정치적 권위와 정당성의 기초를 제공하는 대본, 그러나 집착해야 하는 무언가는 아닌 대본을 세계 도처에서 제시합니다. 모든 정체는 개인의 안녕을 위해 봉사한다고 주장하며, 모든 개인은 천부적 권리를 가지는 것으로 인정됩니다. 이런 과정의 존재는 모든 문명에 내재된 다원주의를 향상시킵니다. 그것은 또 단일한 기준을 강제하는 제국주의와 모든 정치적 관행을 허용하는 상대주의의 가치를 모두 약화시키기도 합니다. 문명들은 문화적 일관성과 고립 또는 충돌의 경향이 아니라, 다원주의적 차이와 다원성 및 접촉과 교섭에서 서로 가장 닮아 있습니다. 우리는 과도한 단순화와 잘못된 극단론의 오류가 가진 유혹에 저항해야 합니다.

물론 우리는 단수와 대문자로 표기된 문명Civilization과 자연Nature의 충돌을 미래에 목격하게 되리라고 생각할 수도 있습니다. 그러한 충돌을 극복하기 위해 제러미 리프킨Jeremy Rifkin[148]이 공감의 문명empathic civilization이라고 부른 현상에 근거해 새로운 종류의 특이성singularity이 동서양을 초월하여 나타날 수도 있습니다. 다원적이고 다원주의적인 문명들 속에서 경합하는 여러 전통과 근대성들에 뒤이어 나타나게 될 이런 공감의 문명은 세계에 드리워진 황혼을 걷어낼 인류의 최고 희망이 될 수도 있습니다.[149] 하지만 이것은 지금으로선 기껏해야 배아 형태에 불과합니다. 이것 대신에 선택할 수 있는 것은, 콰메 앤서니 아피아Kwame Anthony Appiah가 다문명 세계의 '오염된 세계시민주의'라고 부른 것이 지닌 정치적·지적 기회들을 끌어안는 것밖에 없습니다.[150]

지그문트 프로이트는 『문명과 그 불만』이라는 유명한 글

148 [편집자 주] 제러미 리프킨(1945~). 미국의 경제학자, 문명 비평가. 과학과 기술의 변화가 경제, 노동, 사회, 환경에 미치는 영향을 분석했다.

149 Kurzweil (2005); Rifkin (2009).

150 Appiah (2006), p. 101.

에서 내적으로 다양한 자아를 외부 세계에 연결해주는 소멸 불가능한 유대로 인해 생기는 긴장들에 대해 성찰하고 있습니다. 모든 개별 문명은 끊임없이 변화하는 하나의 지구 문명과 깊숙이 얽혀 있습니다. 모든 문명들에서 보이는 접촉, 교섭, 충돌의 경우가 그러하듯 지구 문명이 부추기는 뒤섞임은 자아의 경직과 무지를 키울 수도 있습니다. 또한 반대로 그것은 열린 마음으로 타자를 경험하고 자아를 비판적으로 재점검하게 할 수도 있습니다. 이것은 중국 문명의 경우에도 사실이며, 앵글로아메리카 문명과 이슬람 문명의 경우에도 모두 사실입니다. 이들 세 문명은 저마다의 다양한 전통이 제기하는 성가신 문제들을 해결하기 위해 노력하는 한편, 다형적 지구화를 정의해주는 진화된 관행들을 통해 동양과 서양의 연결을 촉진합니다. 정치 행위자들이 두려움에 사로잡혀 또다시 비인간성의 심연으로 비틀거리며 빠져 들어갈 위험도 있습니다. 그들은 또한 용기 있게 미답未踏의 공통 기반을 향해 담대한 발걸음을 내디딜 수도 있습니다. 오늘날 세계 정치는 동양과 서양을 연결하는 다리를 건널 수 있는 기회로 가득 차 있습니다. 우리는 아직 알려지지 않은 운명과 함께 떠나는 이 여행에 초대받을 수 있으며, 지금 눈에 보이는 것보다 훨씬 더 많은 것을 보게 될 것입니다.

라운드테이블

패널 피터 카젠스타인 코넬대학교 석좌교수

다카다 야스나리 도쿄대학교 총합문화학과 교수

이한구 성균관대학교 명예교수

권기붕 경희대학교 평화복지대학원 원장

김상준 경희대학교 공공대학원 교수

사회 정진영 경희대학교 국제대학 학장

문명 담론의 정치와 인식론

정진영　피터 카젠스타인 박사님께 다시 한 번 감사드립니다. 강연에 이어서 라운드테이블을 진행하겠습니다. 문명에 관한 깊이 있는 토론이 이뤄지기를 기대합니다. 중국이 부상하고 동북아시아 국가들이 갈등을 겪고 있으며 민족주의가 고양되고 있는 현재 상황에서, '문명 담론의 정치와 인식론'이라는 라운드테이블 주제는 매우 적절한 것 같습니다. 우리는 이들 지역이 같은 문명에 속해 있다고 믿습니다. 하지만 정치적으로 이 나라들은 매우 다른 국가적 이해관계를 갖고 있습니다. 저는 문명에 관한 토론이 이 국가들 간의 갈등을 약화시키는 데 기여할 수 있기를 기대합니다.

네 분의 패널을 간략히 소개해드리겠습니다. 도쿄대학 다카다 야스나리 교수님입니다. 철학자이시고 문화 횡단을 연구하고 계십니다. 또 한 분의 철학자가 계신데, 성균관대 이한구 교수님입니다. 그리고 경희대에서 두 분의 교수님이 나오셨습니다. 먼저 경희대 공공대학원 김상준 교수님입니다. 미국 컬럼비아대학에서 사회학을 공부하셨습니다. 그리고 경희대 평화복지대학원 권기붕 교수님입니다. 권 교수님은 펜실베이니아대학에서 정치학 학위를 받으셨습니다.

먼저 카젠스타인 교수님이 기조 발제를 해주시겠습니다. 그다음에 패널 분들에게 발언 시간을 드리겠습니다.

카젠스타인 이 자리에 와주신 모든 분들께 감사드립니다. 저는 두 가지를 말씀드리고 싶습니다. 동아시아에서 문명이 정치를 바꾸기를 기대한다는 사회자님의 말씀에서 시작해보겠습니다.

『앵글로아메리카와 그 불만: 서양과 동양을 넘어선 문명 정체성들』이라는 책은 저에게 큰 깨달음을 주었습니다. 왜냐하면 그 책은 약 300년 동안 영미 제국을 이끌고 있는 앵글로아메리카의 세계 질서를 다루고, 그 제국을 인종이라는 주제로 아주 분명히 연결하기 때문입니다. 지난 300년간에 걸쳐 나타난 로크적Lockean 국제 질서의 특징은 홉스적Hobbesian 무정부 상태와 정반대입니다. 홉스적 무정부 상태가 무엇인지는 모두 이해하고 있습니다. 중앙에 집중된 권위가 없고 전쟁이 끊이지 않아 삶은 짧고 끔찍하며 혹독합니다. 제 생각에 이는 잘못된 성격 규정이지만, 앵글로아메리카 세계에 관한 사유의 측면에서는 엄청난 허위 진술입니다. 홉스적 세계에서는, 자아는 내부에 타자는 외부에 있다고 가정합니다. 앵글로아메리카 세계는 상당히 다른 것에 기초합니다. 자아는 외부에 있습니다. 왜냐하면 정착민의 제국주의 또는 식민주의는 유럽으로부터 벗어나려는 원칙에 기초했기 때문입니다. 뉴잉글랜드는 유럽 대륙에 세워진 것이 아니라 아메리카에 세워진 것입니다. 그리고 아메리카에는 인종적으로 다른 사람들이 거주하고 있었습니다. 바로 아메리카 인디언입니다. 물론 플랜테이션 경제를 위해 400만 명의 아프리카인이 들어오면서 인종적 다양성은 증가했습니다. 그런데 이는 단지 아메리카만의 이야기가 아니었습니다. 남아프리카공화국의 이야기이기도 하고, 호주와 뉴질랜드의 이야기이기도 합니다. 국제 질서에 대한 하나의 대안으로서 그러한 로크적 안보 공동체는 '외부의 자아와 내부의 타자'에 기초했습니다. 여기서 타자는 불편한 존재이며 다르게 보이는 사람입니다. 이것은 엄청난 미스터리입니다. 저에게 이러한 시각은 매우 깊고 심오한 것이었습니다. 어떻게 미국과 서양의 국제화가 홉스적 비유를 확신하게 됐는지, 이 역시 저에게 커다란 미스터리입니다. 인종은 앵글로아메리카 문명에서 지속적인 화두임이 드러납니다. 19세기는 자유주의적이고 인종주의적인 문명 담론과 관행의 역사였습니다. 1945년 이후 동일한 로크적 질서가 복합적 주권 개념을 둘러싸고 조직됩니다. 주권이 문제가 된 것입니다. 예컨대 호주, 영국, 캐나다, 미국 같은 특별한 동맹국들은 상당한 수준의 국가 기밀을 공유하고 있습니다. 물론 전쟁이 일어날 수 있다는 것은 상상할 수 없습니다. 평화적 교류에 대한 신뢰할 만한 기대가 있습니다. 그리고 다문화는 인종이 매우 중요한 위치에 있는 멕시코, 남아프리카공화국, 미국에서 매우 다양한 형태로 나타납니다. 뉴질랜드에서는 마오리족과 서구인으로 구성된 두 문화 공존의 사회를, 아시아인이 포함된 세 문화 공존의 사회로 전환하는 데 성공하고 있습니다. 호주와 캐나다에서 볼 수 있는 경쟁하는 다문화주의로 나아가고 있는 것입니다. 『앵글로아메리카와 그 불만: 서양과 동양을 넘어선 문명 정체성들』은 이런 문제들을 다루고 있습니다.

동아시아에서 문명이 정치적 갈등을 약화시킬 것이라는 사회자님의 기대에 관해 말씀드리자면, 앵글로아메리카의 로크적 안보 공동체의 역사를 볼 때 저는 그 의견에 다소 회의적입니다. 왜냐하면 영어권 사람들에게 처칠Winston Churchill[151]의 '역사'는 전쟁을 유발하기 쉬운 앵글로아메리카

151 [편집자 주] 윈스턴 처칠(1874~1965). 영국의 정치인으로 1940~1945년과 1951~1955년에 총리를 지냈다. 20세기의 위대한 전시 지도자로 널리 알려져 있다. 역사가, 저술가, 화가로도 활동했다.

제국의 팽창이기 때문입니다. 이러한 팽창은 활발한 시장 확대와 많은 사회의 원성을 사는 문화적 주입입니다. 전쟁이 일어날지 평화가 정착될지, 그것은 문명의 문맥에 달려 있습니다.

두 번째로 *Give Peace Another Chance*라는 책에 대해 말씀드리고 싶습니다. 경희대학교 총장님께서 펴내신 책입니다. 저는 경희대학교가 가고자 하는 방향을 알려주는 지적 전개에서 많은 영감을 얻었습니다. 그것은 한국이든 일본이든 하나의 문명이 아니라 근대성의 문명을 연구합니다. 일반적인 지구성 연구인 것입니다. 지구의 역사이며 지구의 문화입니다. 대중음악도 관련이 있고, 물론 세계를 변화시키고 있는 환경도 언급할 수 있습니다. 이러한 문제들은 일련의 분석으로 연결됩니다. 이 기획의 정식화를 위해 두 가지 포인트로 분석을 요약하면, 그것은 인간의 존엄과 인간의 안녕에 대한 고려입니다. 책에서는 인권이 아니라 인간의 존엄이라는 개념이 사용됩니다. 제 생각에 이는 동아시아이기 때문에 명확합니다. 저는 중국의 부흥으로 인간 존엄이 더욱 중요한 개념이 될 것이라고 생각합니다. 지금 서구 이론에서 이런 이야기가 시작되고 있을까요? 저는 그런 문헌을 많이 보지 못했습니다. 저는 그것이 전 세계 모든 사람들의 주장을 표현하고 담아내는 방식이라고 여깁니다. 그들은 자신들의 질서에 이해관계가 있으며 정치권력은 그런 이해관계를 고려해야 한다고 주장합니다. 만일 이렇게 하지 않는다면 그들은 불합리한 것입니다. 인간의 안녕도 마찬가지입니다. 물론 동아시아는 자본주의 역사에서 독특합니다. 지난 30년 동안 무슨 일이 있었나요? 3억 5,000에서 4억에 이르는 사람들이 빈곤에서 벗어난 것은 인류 역사에서 유례가 없는 일이었습니다. 1400년대 이래로는 분명히 없었습니다. 그것은 인간의 거대한 성취입니다. 지난 세대 동안 동아시아와 동남아시아의 주요 대도시들을 둘러보면 인간의 안녕은 매우 명확한 것입니다. 부에 있어서 그들은 매우 비슷해졌습니다. 하지만 그들의 근대성은 그렇지 않습니다. 근대성은 상당히 차이가 납니다. 제가 지적으로 씨름하고 있는 문제는 어떻게 근대성의 문명을 서로 다른 문명의 연구에 연결할 것인가 하는 점입니다. 제 생각에 많은 교차점이 있습니다.

짤막한 지적으로 제 발언을 마치겠습니다. 미국의 연구자들 중 제가 비판하거나 제 주장에 꽤 동의하는 많은 사람들이 문명 개념을 좋아하지 않더라도 이슬람이나 중국에 대해 연구합니다. 이는 둘 중 하나를 택하는 것입니다. 우리는 방대한 주제를 섭렵하기 어렵기 때문에 같은 것을 되풀이하는 것 같습니다. 동양과 서양의 이분법에 비판적일 때에도 그것을 되풀이합니다. 유럽이나 미국과 비교하여 이슬람을 연구하거나, 서양과 비교하여 동아시아를 연구합니다. 이는 커다란 잘못입니다. 저는 세 지역을 모두 포함함으로써 그 잘못을 바로잡고 싶습니다. 그것은 어느 정도 지적 오만을 필요로 합니다. 왜냐하면 저는 이들 지역의 언어도 모르고 이들 지역과 친숙하지도 않기 때문입니다. 하지만 저는 연구를 진행하면서 하나의 원칙을 고수했습니다. 낮 동안에 알게 된 어떤 나라에 대해서도 이야기할 수 있는 것입니다. 이로 인해 진지한 문명 연구자들보다 훨씬 쉽게 연구를 진행할 수 있습니다.

정진영 도쿄대학의 다카다 교수님부터 말씀해주시지요.

다카다 감사합니다. 카젠스타인 교수님의 강연은 인상적인 3부작의 형태로 제기한 주제에 대해 교수님이 체계화한 일련의 풍부하고 포괄적인 논의를 요약한 것입니다. 그래서 저처럼 불행하게도 그 학문적 전제를 공유하지 못한 사람들은 그 주장의 치밀함과 섬세함에 쉽게 접근할 수 없습니다. 외부인으로서 강연으로부터 많은 것을 얻게 돼 기쁘게 생각합니다. 하지만 저는 이 분야의 외부인이기 때문에 완전히 엉뚱한 논평을 하거나 어리석은 실수를 범할 수도 있다는 것에 대해 미리 양해를 구합니다.

제가 이해한 바에 따르면, 카젠스타인 교수님은 간단히 말해 담론적 관행에서 문명이라는 단어를 개념적으로 물화시키는 경향에 반대하십니다. 문명이 그 자체의 정체성을 가진 하나의 행위자라는 생각을 반대하십니다. 문명이라는 개념은 일원적인 것도 아니고 고정적인 것도 아닙니다. 오히려 그것은 복합적이고 역동적인 배열로, 담론적 관행 속에서 국가, 정체, 제국에 의해 배치되는 가운데 같은 위상의 다른 문명들과 교섭하거나 접촉할 수 있습니다. 교수님의 말씀에 따르면, 문명은 내적으로 다원주의적입니다. 그런 관점에서 이른바 문명의 충돌이라는 생각은, 일원적인 물화 때문에 개념적으로 부적절하며, 반半자율적 행위자라는 가정 때문에 정치적으로 옳지 않습니다. 문명은 세계사라는 무대의 주인공이 아닙니다. 제가 올바르게 이해했다면, 저는 카젠스타인 교수님의 의견에 전적으로 동의합니다. 하지만 구체적 사항들과 관련해 몇 가지 의문이 생깁니다.

첫 번째 질문은 다음과 같습니다. 누가 행위자 혹은 행위자들인가요? 사실 저는 이것이 적절한 질문이 아니라는 것을 알고 있습니다. 카젠스타인 교수님이 관심을 갖는 것은 담론적 관행과 그것의 비판적 혁신의 문제이고, 이데올로기적 개혁이 일어나는 곳에서 행위자가 사람인지 사회인지 국가인지는 논점을 벗어나기 때문입니다. 문명과 행위자들은 어쩌면 서로 만들고 서로 만들어지는 중층 결정적 관계에 놓여 있을지 모릅니다. 하지만 문명과 행위자의 관계를 문제화하는 것이 필요한 것 같습니다. 왜냐하면 카젠스타인 교수님이 비판하는 것은 문명에 대한 일원적이고 물화된 행위성이기 때문입니다. 실질적 행위자가 누구인지 질문을 던지는 것은 의미가 있습니다.

카젠스타인 교수님에 따르면, 전형적 행위자로 주어진 기관은 국가, 정체, 제국입니다. 그런데 그것들이 "문명 복합체에 깊이 새겨져 있다"고 규정되는 점을 지적하는 것이 중요합니다. 카젠스타인 교수님은 "문명 복합체에 깊이 새겨져 있는 국가, 정체, 제국 등의 행위자들"이라고 말씀하십니다. 저는 문명 복합체는 무엇이고, 행위자들은 어떻게 문명 복합체에 깊이 새겨지는지 묻고 싶습니다. 서로 영향을 주고받는 능동적이고 수동적인 순간으로 구성된 것으로 담론적 관행을 묘사하기 위한 것이라고 추측할 수 있겠지만, 그에 대해 명확한 상을 떠올리기가 쉽지 않습니다.

그런데 다시 생각해보면, 카젠스타인 교수님의 전략은 개념적 난제에 놓여 있다고 말하는 것이 더욱 중요해 보입니다. 다시 말해 개념적 난제는 의도된 난제입니다. 의도된 난제라는 사실을 보여드리기 위해, 문명 복합체에 깊이 새겨진 국가의 개념을 민족 및 민족주의의 경우와 비교해보겠습니다. 민족주의는 행위자로서의 민족이 단일하고 일원적이고 배타적인 문화에 새겨진 정치적·문화적 현상입니다. 카젠스타인 교수님의 논의에는 민족주의와 같은 개념이 들어설 곳이 없습니다. 민족주의를 위한 자리가 없습니다. 왜냐하면 민족주의 개념은 문화적 물화와 일원적인 새겨짐의 전형적 사례이기 때문입니다. 민족주의는 개념적이고 담론적인 혁신의 길에 놓여 개념적 죽음을 맞이해야 합니다. 일상적 어법에서 친밀한 물화와 일원적인 새겨짐의 조짐을 보여주는 민족이나 문화 같은 단어를 피하고, 국가나 문명 같은 단어로 대체하는 것은 우연이 아닙니다.

첫 번째 질문의 문제는 저를 두 번째 의문으로 이끕니다. 그것은 문명과 문화 사이에 어떤 차이가 있는가 하는 것입니다. 우리는 초문명적 또는 문명 간 움직임을 문화 횡단적 또는 문화 간 움직임으로 동등하게 간주할 수 있을까요? 이 문제를 보다 구체적으로 이해할 수 있도록 한국과 일본의 식사 습관에서 나타나는 문화적 차이를 예로 들어보겠습니다. 한국인들에게 밥공기를 들지 않는 것은 올바르고 자연스러우며 밥공기를 드는 것은 예의에 어긋납니다. 반면 일본에서는 그 반대입니다. 이러한 문화적 차이를 인지하기 위해서는 두 이웃 민족이 자연스럽고 친숙한 각자의 문화적 영역 바깥으로 나와야 합니다. 한국과 일본이 편안하게 지리적 거리를 유지하고 분리돼 있는 한, 이런 문화적 차이는 심각한 어려움을 일으키지 않습니다. 그러나 만약 어떤 이유로 두 문화가 부득이하게 동거해야 한다면 어떻게 될까요? 틀림없이 충돌과 대립이 뒤따를 것입니다. 하지만 다양한 처리 과정 가운데 무엇이 나올지, 이를 어떻게 처리해야 할지는 아무도 모릅니다. 문화 횡단적 접촉이나 문화 간 교섭의 경우에, 우리는 자유방임주의의 규칙이 작동한다고 생각하면서 편안해하는 것 같습니다. 하지만 초문명적 접촉이나 문명 간 교섭의 경우는 그렇지 않아 보입니다. 왜냐하면 문명들 각각은 서로 다른 근대성 프로그램을 갖고 있다고 하며, 게다가 문명은 결국 모든 것을 아우르는 문화의 포괄적 문맥에서 파악되기 때문입니다. 무엇이 초문명적 교섭과 문명 간 접촉의 가능성을 보장할까요? 문화, 민족, 종교 같은 실체를 의심스럽다고 간주하게 만드는 친밀한 물화와 일원적인 새겨짐에 대한 선천적 선호를 문명이 초월할 수 있도록 해주는 것은 무엇일까요? 거주민들에게 자연스럽고 명백한 것으로 보이도록 돼 있어 그 본질과 구조를 알지 못하게 만드는 것이 문화, 민족, 종교의 핵심적 특징 중 하나입니다. 그렇다면 문명 간 접촉과 초문명적 교섭이 작동한다고 말하기 위해 문명이 문화, 민족, 종교에 고유한 새겨짐, 결속, 맹목의 힘을 극복하게 할 수 있는 것은 무엇일까요?

이상이 카젠스타인 교수님의 풍부하면서도 견고하게 잘 쓰인 글을 보면서 머리에 떠오른 의문들입니다. 감사합니다.

정진영 원래는 카젠스타인 교수님과 패널 분들이 일대일로 토론할 계획은 아니었습니다만, 다카다 교수님이 매우 심오하고 근본적인 질문을 해주신 관계로, 카젠스타인 교수님이 먼저 답변을 해주시겠습니까?

카젠스타인 질문들이 서로 흥미롭게 연관될 수 있으므로 모든 질문을 듣는 것이 좋겠습니다.

이한구 카젠스타인 교수님, 오늘 좋은 발표를 해주셔서 감사합니다. 저는 세 가지 문제를 지적하려고 합니다. 첫째는 문명의 개념에 대한 문제이고, 둘째는 중화화에 관한 것이며, 세 번째는 다형적 지구화에 관한 것입니다.

첫 번째 문제부터 이야기를 하겠습니다. 카젠스타인 교수님은 문명을 동양과 서양이라는 단순 구조로 범주화하는 전통적 분류와 이들이 서로 충돌한다고 주장한 새뮤얼 헌팅턴의 이론을 비판하면서 문명들이 다원적으로 공존 가능하다고 주장하셨습니다. 또 서구 문명을 문명의 유일한 패러다임으로 간주할 필요가 없음을 주장하셨습니다. 이 점에서 저는 교수님의 의견에 전적으로 동의합니다. 동시에 교수님은 한 문명 내에서도 이질적이고 복합적인 전통들이 서로 얽혀 있기 때문에 문명이라고 해서 일관된 핵심 가치들로 정의할 수는 없다고 주장하셨습니다. 그러면서도 여전히 언어와 종교에 의해 문명을 규정하려고 하십니다. 이 점에서 교수님의 문명 이론은 성격이 분명하지 않습니다. 교수님은 문명 내부의 문화 다원주의를 지나치게 강조함으로써 문명 담론의 기본 원리를 훼손하는 듯이 보입니다. 문명론의 고전적

삼인방으로 거론될 수 있는 다닐렙스키Nikolay Danilevsky[152], 슈펭글러, 토인비Arnold J. Toynbee[153] 등은 문명을 분류하는 방식은 다소 차이가 났지만, 한 문명이 나름대로의 독특한 세계관을 갖고 있고 이 세계관은 상호 비교 불가능하다는 점에서는 의견 일치를 보이고 있습니다. 이들은 때로는 모든 문명이 하나의 독특하고 독립적인 혼을 갖는 것으로 이야기합니다. 슈펭글러도 문화의 혼을 이야기하고, 토인비도 베르그송Henri Bergson[154]의 생명의 약동에 비유되는 혼을 말합니다. 이것은 토머스 쿤Thomas Kuhn[155]에 의해 현대 철학의 중심적 논제가 된 패러다임과도 비슷하다고 할 수 있습니다. 저는 이들이 말하는 세계관이나 혼을 좀 더 구체적인 용어로 문화적 중핵이라고 규정하고자 합니다.

이런 관점에서 저는 문명의 구조를 다음과 같이 재구성해 보고자 합니다. 저는 문명을 삼중 구조로 이해하고자 합니다. 가장 중심부가 종교, 문화 예술, 철학으로 구성된 문화적 중

---

152 [편집자 주] 니콜라이 다닐렙스키(1822~1885). 러시아의 경제학자, 민족학자, 역사가로 범슬라브주의를 신봉했으며 순환적 관점에서 세계사를 설명했다.

153 [편집자 주] 아널드 토인비(1889~1975). 영국의 역사가, 역사철학자. 26개 문명의 흥망성쇠를 분석해 문명 발흥의 원인을 밝혔다. 엘리트 지도자로 구성된 창조적 소수의 리더십 아래에서 성공적으로 도전에 맞서는 것이 그 원인이었다.

154 [편집자 주] 앙리 베르그송(1859~1941). 프랑스의 철학자. 실재를 파악함에 있어서 즉각적인 경험과 직관이 합리주의와 과학보다 더욱 중요하다고 주장했다.

155 [편집자 주] 토머스 쿤(1922~1996). 미국의 물리학자, 과학철학자로 과학의 발전은 패러다임 전환에 의해 혁명적으로 이뤄진다고 주장했다.

핵이고, 중간 부분이 정치, 경제를 비롯한 사회적 체제이며, 가장 바깥 부분이 과학과 기술 영역입니다. 중심부로 갈수록 개성이 부각되고 바깥 부분으로 갈수록 보편성이 지배합니다. 문명 담론에서는 중핵 부분이 매우 중요합니다. 현실적으로는 아무런 힘도 없는 이 부분이 결정적인 이유는 우리의 정체성이 여기에 기반하고 있기 때문입니다. 헤겔Georg Wilhelm Friedrich Hegel[156]이 정신의 발현에서 가장 높은 단계로 규정하는 절대정신도 바로 이 부분입니다. 유교 문명을 이루고 있는 한국, 중국, 일본이 서구 문명을 수용하려고 노력하던 당시, 서구의 과학기술과 사회체제를 본뜨려고 무진 애를 쓰면서도, 중심부만은 전통적인 것을 지키려고 했던 이유도 이 부분이 우리의 정체성을 규정한다고 이해했기 때문입니다. 만약 우리가 문명의 구조를 이렇게 이해하면 두 문명이 문화적 중핵에서 구별되지 않을 때는 다른 문명이라고 할 수가 없게 됩니다. 말하자면 문화적 중핵이 같다면 사회체제나 과학기술의 영역에서 차이가 있다 하더라도 같은 문명으로 분류될 수밖에 없으며, 과학기술이나 사회체제가 동일하더라도 문화적 중핵이 다르면 다른 문명으로 분류하는 것이 합리적이라는 이야기입니다.

156 [편집자 주] 게오르크 빌헬름 프리드리히 헤겔(1770~1831). 독일의 철학자로 독일 관념론을 완성했다. 현실에 대한 역사적이고 관념적인 해석은 유럽 철학을 혁명적으로 바꿔놓았으며 대륙 철학과 마르크스주의로 계승됐다.

『문명의 충돌』에서 새뮤얼 헌팅턴은 종교와 언어가 문명을 구별하는 기준이라고 주장하면서도, 독자적인 문화적 중핵이 극히 의심스러운 일본과 아프리카를 독립적 문명으로 승격시키는 큰 실수를 저질렀습니다. 이것은 아마도 그의 관심이 순수한 문명 담론보다는 국제정치적 역학 관계에 쏠려 있었기 때문으로 보입니다. 카젠스타인 교수님도 같은 주장을 반복하고 계십니다. 저는 교수님에게 묻고자 합니다. 만약 일본이 독자적 문명이라면 한국이 독자적 문명이 아닌 이유는 무엇입니까? 문명을 이야기하면서 단순히 군사력이나 경제력으로 문명을 범주화할 수는 없을 것입니다. 교수님은 진정으로 한국, 중국, 일본의 문화적 중핵이 통약 불가능할 정도로 다른 패러다임이라고 보십니까? 이 점에 대해 납득할 만한 설명을 요구합니다.

다른 한편으로 우리가 이런 문명의 구조를 주장한다고 해서 한 문명의 문화적 중핵을 불변의 실체나 논쟁의 여지없는 핵심 가치로 간주할 필요는 전혀 없습니다. 문화적 중핵도 끊임없이 진화합니다. 그것은 고정된 실체가 아니라 진화의 과정에 있을뿐더러 한 문명 내에서도 국가에 따라 다소간 다를 수도 있습니다. 이것은 문명의 성장 분화에 따른 자연적 귀결입니다. 더 나아가 카젠스타인 교수님이 주장하시듯이, 한 국가 내에서도 집단과 계층에 따라 약간씩 다를 수도 있습니다. 교수님은 한 문명에 복수의 행위자와 복수의 전통이 있음을 강조하셨습니다. 그러면서 한 문명이 정합적인 핵심 가치들을 가진 일원적 성격을 갖든가, 아니면 이질적이고 복합적인 전통을 가진 다원적 성격을 갖든가, 둘 중의 하나라고 생각하십니다. 한 문명에 복수의 행위자나 전통이 있다는 주장은 쉽게 인정할 수 있습니다. 그것은 의문의 여지가 없는 현실입니다. 그렇지만 문명이 단일성이 아니라고 해서 곧바로 이질적인 다원성이라고 결론을 내릴 필요는 없을 것입니다. 왜냐하면 제3의 길이 있을 수도 있기 때문입니다. 말하자면 문화적 중핵의 수많은 변이들은 모두 비트겐슈타인Ludwig Wittgenstein[157]이 말하는 가족 유사성을 갖고 있다고 할 수 있습니다. 가족 유사성은 시간과 공간, 양 측면에서 한 문명 내의 문화적 유사성을 특징짓는 매우 적합한 용어입니다. 만약 이들이 전부 이질적이라면 이들을 한 문명 내에 귀속시킬 근거가 없을 것입니다. 역사적 맥락에서 보면, 어떤 문명이든 수많은 지류가 모여 만든 거대한 강이라고 할 수 있습니다. 하지만 이런 요소들은 오랜 기간의 융합 작용을 통해 어떤 식으로든 나름대로의 질서를 형성했으며 또 형성해가고 있다고 할 수 있습니다. 설사 모자이크 형태라고 해도 그것은 전체적으로는 하나의 특징적 질서를 창출한다고 할 수 있습니다.

---

157 [편집자 주] 루트비히 비트겐슈타인(1889~1951). 오스트리아 출생의 영국 철학자로 논리학, 수리철학, 심리철학, 언어철학을 연구했다.

두 번째 질문입니다. 카젠스타인 교수님은 정치·군사력과 경제력의 성장을 통한 단순한 팽창 과정과 문화 유전자가 확산되는 문명화 과정을 동일시하고 계십니다. 한 문명의 확장에는 두 길이 있을 수 있습니다. 하나는 문화력은 그대로인 상태에서 정치·군사력과 경제력을 확장시키는 길이고, 다른 하나는 심층 부분의 문화력과 표면 부분의 정치·군사력 및 경제력을 균형적으로 확장시키는 길입니다. 대체로 문명의 길은 수용자의 자발성에 기초해 있고 단순한 팽창은 자발성의 여부를 따지지 않습니다. 팽창이 극대화되면 제국주의로 나타납니다. 이런 도식은 한 문명 내에서도 중심국과 주변국 사이에 적용될 수 있다고 봅니다. 수많은 역사적 사례에서 보이듯 후자의 길보다는 전자의 길이 흔하다고 볼 수 있습니다. 근대 서구 문명의 과학기술과 사회제도가 전 세계를 휩쓸 때 우리는 서구 문명을 보편 문명의 패러다임으로 이해했습니다. 그렇지만 서구화는 후자의 길이라기보다는 전자의 길에 가까웠다고 할 수 있습니다. 토인비도 지적하였듯이, 경제적 세계지도와 정치적 세계지도는 서구화됐지만 문화적 세계지도는 서구 사회가 경제적·정치적 정복을 개시하기 이전의 상태에서 크게 멀리 벗어났다고 하기에는 어려울 것입니다.

저는 이 도식을 중화화에도 적용할 수 있다고 생각합니다. 중국은 서구의 과학기술과 사회제도를 수용하여 경제력과 정치·군사력을 급속하게 향상시켰습니다. 최근에는 미국과 맞상대할 정도까지 국력을 신장시켰습니다. 그렇지만 문화력에서 다른 문명을 선도하거나 유교 문명 내의 여러 나라들에게 모델이 될 만한 어떤 새로운 문화 유전자의 창출도 아직 구체적으로 보여주지 못하고 있습니다. 문화적으로 성장하지 못한 상태에서의 정치·군사적 및 경제적 힘의 확장은 주변국들에게는 제국주의적 팽창으로 비칩니다. 현재 티베트와 신장위구르 지역에서의 식민지화에 대한 저항이 좋은 실례가 되겠습니다. 카젠스타인 교수님은 왕궁우나 호핑티 같은 중국 학자의 주장에 근거해서 중화화를 연관된 국가들 간의 상호 교류적이고 쌍방에 이익이 되는 식으로 긍정적으로 평가하고자 하셨습니다. 역사적으로 보면 이런 경우가 없었다고 할 수는 없겠지만, 이를 일반화시키는 것은 잘못된 시각이라고 봅니다. 중화화가 긍정적으로 평가되는 경우는 주변 국가가 자발적으로 중국의 문화를 수용할 때뿐이라고 할 수 있습니다. 주변 국가의 입장을 무시하고 이뤄지는 중화화에 대한 긍정적 평가나 혹은 중립적 태도까지도 같은 유교 문명권 내의 다른 나라 국민들의 감정과는 전혀 맞지 않습니다. 티베트와 신장의 중국 식민지화에 대한 저항은 말할 것도 없고, 한국, 일본, 베트남 등도 모두 역사적 기록에 근거해서 중화화에 강력하게 반대하며 중국의 팽창을 두려워하고 있습니다. 현재 중국의 경제적·군사적 부상과 관련해 중화화란 말을 긍정적으로 사용하는 것은 중국의 선민주의적·제국주의

위구르족의 소요 사태에 대비해 우루무치 시의 거리를 점거한 중국 경찰.

적 팽창을 찬양하는 것일 뿐, 중국의 주변국들이 중국이라는 블랙홀에서 벗어나기 위해 음으로 양으로 치열한 노력을 기울이는 현실을 전혀 설명해주지 못한다고 봅니다.

세 번째 질문입니다. 카젠스타인 교수님은 동양과 서양을 넘어선 하나의 지구 문명을 이야기하셨습니다. 교수님은 하나의 지구 문명이 기존의 어떤 문명을 모델로 해서 만들어진 것이 아니라 여러 문명들의 접촉과 교류에 의해 만들어진다고 주장하셨습니다. 또한 모든 인간들의 안녕과 권리가 모든 문명이 추구해야 할 보편적 가치라고 주장하셨습니다. 그러면서도 교수님은 지구 문명 역시 다원주의적 입장에서 다수의 근대성을 가진 것으로 이해하십니다. 교수님은 문명 간의 통약 가능성을 전면 부인하지는 않지만 전체적으로는 다원성 쪽에 무게중심을 두는 것으로 보입니다. 교수님의 이러한 입장은 여전히 방점이 앞부분에 찍혀 있다고 생각되는 다형적 지구화라는 용어의 사용에서도 드러납니다. 저는 교수님의 이런 입장에 상당 부분 공감하면서도 다형적 지구화 대신에 보편적 지구화가 더욱 적절한 표현이 아닐까 생각합니다. 제가 이렇게 생각하는 이유는 간단합니다. 다형적 지구화는 현재 진행되고 있는 세계화의 발전 방향을 제대로 드러낼 수 없다고 보기 때문입니다. 말하자면 이것은 정보 통신 기술의 발달로 인해 여러 문명들의 문화 유전자들이 정보 통신망을 타고 급속하게 유포되면서 문명의 융합이 가속화되고, 이를 기초로 지구 문명의 보편성이 기존의 개별 문명보다 훨씬 증가하고 있다는 현상을 정확하게 설명해주지 못한다고 보기 때문입니다. 인터넷망과 정보 통신망은 지구를 거미줄같이 얽어매고 있습니다. 이 그물망을 통해 상호 교환되는 지식과 정보는 계속해서 증가하고 있습니다. 동시에 이질적 문화 유전자들의 동종 교배가 급속도로 늘어나고 있습니다. 제가 제시한 문명의 삼중 구조에서 보면, 가장 겉 표면의 과학기술은 이미 보편적 성격으로 공인됐다고 볼 수 있습니다. 개별 문명에 따라 수준의 차이는 있지만 한 문명의 특수한 과학기술은 이제 존재할 수 없습니다. 가운데 부분의 사회체제는 아직 몇 개 유형, 다시 말해 권위주의, 집단주의, 자유주의 등으로 분류해볼 수 있지만 이 부분에서도 상당 부분 보편화됐고 점차 보편의 길로 치닫고 있습니다. 모든 문명에서 학습은 빠른 속도로 진행되고 있습니다. 문제는 중심 부분인 문화적 중핵 부분인데, 이 부분에서도 융합은 가속화되고 있으며 통약 불가능성을 계속 주장하기는 어려운 상황으로 가고 있다는 생각이 듭니다. 예컨대 개인의 안녕과 인권뿐만 아니라 진리, 선, 미, 자유, 평등, 사회적 정의 등은 인류의 보편적 가치로서 형식에서뿐만 아니라 내용에 있어서도 전 지구적 콘센서스를 이루면서 하나의 지구 문명의 중핵을 형성해가고 있다고 할 수 있습니다.

정진영 이 교수님의 관점은 카젠스타인 교수님이 자유주의적 세계시민주의라고 부른 것에 가까운 것 같습니다. 한편 우리는 한국의 문화적 중핵을 대변하기도 합니다. 제 생각에 맨 처음 두 가지 논점은 한국의 문화적 민족주의입니다. 이번에는 김상준 교수님 차례입니다.

김상준 다카다 교수님과 이 교수님은 매우 체계적인 논평을 해주셨습니다만, 저는 체계적으로 말하는 사람이 아니라서 두서없이 말씀드리겠습니다.

2주 전에 경험한 일로 이야기를 시작하겠습니다. 동아시아 사회학자 네트워크에 참가하기 위해 도쿄를 방문했습니다. 제가 창립자 중 한 사람으로 참여한 이 네트워크는 10년 동안 많은 노력을 기울였습니다. 회의가 끝난 후, 3개국에서 온 60여 명의 사회학자들이 결의안을 채택했습니다. 세 나라 간의 영토 문제로 인한 긴장 고조에 우려를 표하는 결의문이었습니다. 우리는 세 나라 간의 정치적·군사적 긴장을 예방하거나 완화하기 위해 학문적으로 또는 실천적으로 노력할 것입니다. 원래 일본 지식인 그룹이 만든 결의안을 보면, 기본적으로 "이 문제는 과거 일본 제국주의의 팽창에 기인한다"는 문구가 있습니다. 저는 세 나라가 합의를 이룬 것에 많이 놀랐습니다. 10년 동안 노력해 서로 신뢰를 쌓았기 때문에 가능했던 것 같습니다. 또한 카젠스타인 교수님도 아시다시피 한국, 일본, 중국은 하나의 문명, 하나의 통일체로 불리거나 단일체로 분류됩니다. 실제로 이 세 나라는 과거에 많은 문제를 공유했습니다. 가까워지면 가까워질수록 더 많은 문제가 있었습니다. 그럼에도 불구하고 이 네트워크가 10년 동안 신뢰를 쌓은 것처럼 신뢰의 태도를 갖고 많은 난제에 접근한다면, 이 지역의 심각한 문제들을 해결할 수 있는 공통의 기반, 공통의 이해를 만들 수 있을 것입니다.

마찬가지로 문명들 간에도 어떤 기초적인 공통의 기반이 있는 것 같습니다. 그것이 중심에 있든 주변에 있든 말입니다. 가장 기본적인 차원에서 우리가 공유할 수 있는 것을 찾을 수 있습니다. 이는 카젠스타인 교수님이 언급하신 하나의 견해에서 가장 간단명료하게 표현됩니다. 원래 아이젠스타트가 제안한 그 견해는 오래전부터 문명들 간에는 각각의 윤리적 문명이 공유할 수 있는 공통의 기반이 있었다고 지적합니다.

아이젠스타트가 제안한 복수의 근대성을 넘어서야 한다는 것이 저의 접근법이었습니다. 카젠스타인 교수님은 '복수의 근대성을 가진 지구 문명'이라는 용어를 사용하셨습니다. 이 아이디어는 아이젠스타트의 아이디어와 완전히 똑같지는 않지만 매우 가깝다고 생각합니다. 우리는 더 나아가야 한다고 생각합니다. 저는 카젠스타인 교수님의 이론, 그 발언의 심오한 측면을 많이 알지는 못합니다만, 제가 아는 한 아이젠스타트의 아이디어는 근대성이 공존한다는 것입니다. 하지만 제가 보기에 단지 공존만 하는 것은 아닙니다. 현실적 용어로 말하자면 어떤 순서가 있습니다. 독창적 근대성이 있고, 그것을 모방하고, 그것을 전 세계로 확장합니다. 이것이 지구적 근대성의 모습입니다. 저는 우리가 그 안으로 더 들어가야 한다고 생각했습니다. 각 문명의 공통성은 서로 간의 대화와 소통을 만들어냅니다. 우리는 전쟁을 일으키기도 하지만 공통성 위에서 협력할 수도 있습니다.

교수님은 대문자 C로 표기된 문명이라는 관념을 잘 해체하셨습니다. 이는 문명에 대한 매우 환원주의적이고 일원적이고 단일적인 관념입니다. 이런 종류의 개념을 해체하는 것은 매우 훌륭하며, 저는 카젠스타인 교수님의 생각에 전적으로 동의합니다. 두 분 교수님이 말씀하셨듯이, 왜 많은 사람들이 동양과 서양 또는 서구와 비서구라는 문명 개념을 받아들이는지 설명해주는 대중적 기반이 있다는 것을 알아야 합니다. 왜 그럴까요? 세계의 정치와 경제에는 양극성의 이중적 감각이 있다고 생각합니다. 문명 내부뿐만 아니라 문명권 사이에서 불일치와 불평등이 증대하고 있습니다. 문명 내부와 국가 내부의 양극화 또한 늘어나고 있습니다. 우선 우리는 굳어진 개념을 해체해야 합니다. 또한 문명 내부와 문명 사이에 있는 불일치, 불평등, 양극화의 간극을 메울 수 있는 실천적 방안을 찾아야 합니다. 문명에 대한 개념적 오해뿐만 아니라 문명 간의 긴장을 극복할 수 있는 방안이 요구됩니다.

이런 의미에서 사회학자 프레드 블록Fred L. Block이 미원렉처에서 우리에게 제안했던 것을 일부분 인용해보겠습니다. 저는 그의 의견을 하나의 실천적 방안으로 여기면서 여러 번 곱씹어보았습니다. 그것은 지구 차원에서 간극을 줄일 수 있는 방법으로 보였습니다. 그는 세계경제가 직면한 난관을 논한 후 다음과 같이 말했습니다. "글로벌 수요를 진작하고 지속 가능한 지구적 경제성장의 새 시대를 열 수 있는 길이 있습니다. 수천억 달러의 기금을 조성해, 의료, 교육, 청정에너지, 기간 시설 등 사람들에게 정말로 필요한 것을 제공하는 지방정부, 비영리단체, 중소기업, 협동조합에게 빌려주는 것입니다. 이런 방법은 전혀 급진적인 것이 아니고, 세계은행이 이미 60년 넘게 해온 것입니다. 세계은행은 글로벌 자본시장에서 채권을 발행한 후 그 자금을 전 세계의 타당성 있는 프로젝트에 제공합니다. 그런데 규모라든지 실적을 보면 세계은행의 방식은 그리 좋은 모델이 아닙니다. 대략 1년에 400억 달러 정도를 대출로 제공해왔는데, 세계은행의 주변 환경에 대한 문제라든지 거버넌스에서의 취약점은 익히 알려져 있습니다." 제 생각에 다음이 중요한 부분입니다. "제가 말씀드리고 싶은 것은 새로운 지구적 제도들을 마련하여 연간 1조 달러까지 대출 수준을 늘리자는 것입니다. 미국 연방준비제도이사회 의장인 벤 버냉키Ben Bernanke가 글로벌 과잉 저축이라고 묘사한 것을 흡수해서 인류에게 필요한 영역에 재투자하는 것입니다. 지구적 제도들은 지역과 국가 차원에서 활동하는 다양한 비영리 중개 기관을 마련해주고, 이들 중개 기관이 적절한 협의와 신중한 모니터링을 거쳐 실제로 기금을 사용하게 될 기관과 조직에게 자금을 빌려줍니다. 이것은 보조금이나 복지사업이 아닙니다. 기금을 받는 프로젝트는 대출금을 상환할 수 있는 믿을 만한 계획이 있어야 합니다. 하지만 중요한 것은 3~4%의 대출금리를 쉽게 감당할 만한 엄청난 수준의 생산성이 있다는 사실입니다. 나아가 대출 기금을 창출하는 것과 동시에 글로벌 금융 거래세를 부과할 수 있다면 더욱 좋을 것입니다. 외환시장과 금융시장의 지나친 투기를 규제하자는 것입니다. 여기서 발생하는 수입은 최

빈국에게 대출을 제공하는 데 쓰일 수가 있고, 또 온실가스 감축을 위한 주요 프로젝트에 사용될 수 있을 것입니다."

지구 차원에서 증대하는 불일치와 양극화의 간극을 줄일 수 있는 실천적 수단이 필요합니다. 앞서 인용한 내용은 개념적으로 정치적으로 경제적으로 간극을 메울 수 있는 매우 바람직한 방법들 중 하나로 보입니다. 감사합니다.

정진영 권 교수님 말씀을 듣겠습니다.

권기봉 철학자와는 좀 다른 혹은 반대되는 입장에서 카젠스타인 교수님의 강연을 논하게 돼 기쁘게 생각합니다. 철학적으로 근본적인 접근이 민족의 문명이나 국가, 정치 행위자와 관련해 진리의 단초를 제공하지 못하기 때문이 아니라, 카젠스타인 교수님이 강연에서 강력히 주장하셨듯이 물화된 실체는 정치적 조작에 종속된 정치적 구성물이며, 물화된 실체에 대한 카젠스타인 교수님의 다원주의적 접근이 제 입장과 더 유사하기 때문입니다.

어떤 면에서 저는 카젠스타인 교수님의 다원주의적 입장에 대해 약간 비판적입니다. 교수님이 다원주의자이기 때문이 아니라 기대한 것보다 덜 다원주의적이기 때문입니다. 다원주의와 보편주의의 손쉬운 조합으로 보입니다. 다형적 지구화를 만들어내려는 윤리적 충동, 인간의 존엄과 안녕에 대한 윤리적 관념에 상당 부분 기초하고 있습니다. 제 질문은 다원주의적 입장과 지구적 공통성에 기초한 윤리적이고 보편주의적인 입장을 어떻게 조화시킬 수 있는지에 관한 것입니다.

또한 한국의 정치학자로서 카젠스타인 교수님의 중화화 개념에 관해서 의문을 제기하지 않을 수 없습니다. 왜 중화화만 언급될까요? 왜 일본화, 한국화는 다루지 않을까요? 동아시아 학자들 사이에서는, 중화 문명이라고 하면 중국, 한국, 일본, 나아가 베트남까지도 포함하는 공통의 이해가 있습니다. 하지만 카젠스타인 교수님의 관점은 그들이 서로 다르다는 사실을 강조하는 것으로 보입니다. 그래서 중화화라는 유형이 있고 한국과 일본이라는 또 다른 유형이 있습니다. 제 생각에는 보다 정교하게 설명할 필요가 있는 것 같습니다. 동아시아 국가들의 차이에 관한 카젠스타인 교수님의 입장을 듣고 싶습니다.

저는 정치학자로서 문명은 위험한 담론이며 정치, 특히 국가 정치에서 정치권력의 기초가 된다는 카젠스타인 교수님의 입장에 동의합니다. 또한 교수님은 문명의 사회적 차원에 관해서 이야기하셨습니다. 여기에는 문명을 전파하는 데 수반되는 강제, 규율, 협박뿐만 아니라 다른 문명에 대한 모방과 학습이 있습니다. 하지만 이는 권력의 차원, 심지어 사회학적·문화적 차원에서도 권력의 차원을 가집니다. 그래서 정치적 구조, 물질적 하부구조가 이념적 상부구조와 어떻게 연관되는지, 이들 구조가 정치적 조작과 선전에 얼마나 종속돼 있는지 설명이 필요합니다. 카젠스타인 교수님은 문화적 담론을, 정치적 의도를 전하는 것으로 이해하면서 헌팅턴에 반대하는 적절한 쟁점을 제기하셨습니다. 이것이 현실입니다. 이것이 사실이라면, 카젠스타인 교수님은 문명에 대한 다원주의적 접근을 강조하시지만, 정치 행위자가 문화적 메시지를 정치적 의제로 활용할 여지가 있는 것 아닙니까? 나쁜 의도가 없는 이론적 형태일지라도 이러한 문화 담론에는 위험이 도사리고 있다고 생각합니다.

기본적으로 카젠스타인 교수님은 시원주의에 매우 비판적이십니다. 저도 같은 입장입니다. 그런데 카젠스타인 교수님은 문명이 다원적이고 다양할 뿐만 아니라 기본적으로 더 광범한 문맥에 기초한다는 것과 관련해 맥닐을 따른다고 말씀하셨습니다. 다른 패널 분들도 지적하셨듯이, 다음 사항이 토론의 쟁점이 될 것 같습니다. 공통성, 지구적 공통성을 어떻게 정의하시겠습니까? 그 점에 관해 보다 자세히 말씀해주셨으면 합니다.

카젠스타인 교수님은 "복합적인 과정에 대한 인정과 핵심 가치들의 존재에 대한 주장이 동일한 정치 역학의 두 가지 측면"이라고 말씀하십니다. 카젠스타인 교수님은 문명 담론에서 진행되는 게임에는 두 가지 이분법적인 힘이 있다고 인정하셨습니다. 그런데 "통일되고 결정화된 핵심 가치와 관행들이 존재한다는 믿음을 만들어내는 것은 복합적인 과정들을 단순화하는 하나의 정치 기획이다. 그것은 급격히 변모하고 혼란스러우리만치 불확실한 변화의 세계 속에서 불안을 줄이기 위한 노력의 일환으로 나타난다"고 생각하십니다. 하지만 이 또한 현실을 표상합니다. 모든 나라는 불확실성을 느끼고 있으며, 예측할 수 없는 위험에 대처해야 하는 압박을 지속적으로 받고 있습니다. 만일 그렇다면 두 개의 입장을, 카젠스타인 교수님의 관점에서 옹호할 수 있는 하나의 입장으로 어떻게 조화시킬 수 있는지 궁금합니다.

카젠스타인 교수님은 이슬람과 앵글로아메리카를 교량 문명으로 특징지으셨습니다. 교수님은 이들 두 교량 문명이 비록 예정되지 않은 교차와 교섭일지라도 지구적 공통성을 만들어내는 데 일정한 역할을 수행할 것이라고 주장하고 계십니다. 카젠스타인 교수님은 일종의 대본에 관해서만 이야기할 수 있다고 말씀하셨습니다. 이는 다른 나라가 따라야 하는 예정된 도정이 아니라 하나의 대본일 뿐입니다. 그것을 받아들이는 사람은 자신의 방식으로 해석하여 자신의 길을 만들 수 있는 여지가 있습니다. 카젠스타인 교수님은 이슬람과 앵글로아메리카가 모든 문명을 연결하게 될 교량 문명이며, 어떤 종류의 핵심 가치를 형성하는 길을 찾아내거나 이끌어갈 것이라고 여기십니다. 그런데 이슬람은 문명을 수평적으

강연에 이어 열린 라운드테이블.

로 연결하고, 앵글로아메리카는 수직적으로 연결한다고 보고 계십니다. 이것은 매우 흥미로운 생각이면서 강한 주장입니다. 그리고 분명히 다른 문명에 있는 많은 사람과 학자들은 이를 다르게 볼 것입니다. 이에 관해 보다 구체적으로 말씀해 주셨으면 합니다.

정진영 패널 분들의 논평을 들어보니 동아시아의 학계 분위기가 잘 전달된 것 같습니다. 패널 분들의 의견이 이 지역 국가들의 현실을 잘 표상하고 있다는 것을 느낄 수 있었습니다. 이제 카젠스타인 교수님의 답변을 들어보겠습니다.

카젠스타인 처음 두 질문은 제가 거시 개념적이라고 부르는 것이고, 다른 두 개는 비교적 대답하기 쉬운 일종의 코멘트인 것 같습니다. 나중에 나온 두 질문에 먼저 답한 다음 처음 두 질문에 관해 이야기하겠습니다.

마지막으로 언급된 교량이라는 비유에서 시작해보겠습니다. 우선 권 교수님은 교량이 어느 곳으로도 이끌지 않는 것이라고 말씀하셨지요? 실은 이런 비유입니다. 한쪽 끝에서 다른 쪽 끝으로 교량을 건넙니다. 그리고 되돌아서 교량을 다시 건넙니다. 교량을 떠난 것이 아닙니다. 보편주의 같은 어떤 것으로 이끄는 것은 교량이 아닙니다. 그것은 19세기 역사철학입니다. 저는 미국의 실용주의자입니다. 그래서 건너는 연습은 두렵지만 조짐이 좋은 일입니다. 이를 이해하는 데 오랜 시간이 걸렸습니다. 왜 이 비유가 오해를 받을 수 있는지 이해합니다. 하지만 그것은 건너는 연습입니다. 깊은 수렁을 건널지 아니면 그 속으로 뛰어들지 결정하게 하는 것이 무엇인지와 관련해, 권 교수님은 정치학자라서 제대로 이해하신 것 같습니다.

저는 급진적인 정치학자입니다. 권력이 의미하는 바가 무엇인가에 있어서 저는 정치학자와 매우 다릅니다. 정치학자는 권력이 무엇인지 안다고 가정합니다. 그러나 사회과학에서는 모든 핵심 구성물에 항상 이의를 제기합니다. 그것이 권력이든 자본이든 지위이든 가치이든 상관없습니다. 인류학, 사회학, 경제학 등은 그들의 핵심 가치에 이의를 제기합니다.

그런데 각자의 정식화 안에는 권력이 무엇인가에 대한 개념이 있습니다. 그리고 저는 복수의 권력 개념을 가지고 있습니다. 강제적이고 물리적인 권력이 있습니다. 그들이 전쟁을 벌일까 벌이지 않을까? 이는 제가 읽고 강의하는 데 가장 중요한 것입니다. 또는 제도적인 권력이 있습니다. 이것이 바로 대본입니다. 이에 관해서는 훌륭한 분석이 많습니다. 세계는 사람들이 지켜야 하는 대본들로 가득 차 있습니다. 예를 들어 저는 다른 나라를 돌아다니는 직업적 정치학자로서 넥타이를 매야 합니다. 저는 어젯밤에 넥타이를 골랐습니다. 제가 터틀넥을 입고 와야 하나요 아니면 그렇지 않은가요? 북부 뉴욕에서 우리는 터틀넥을 입고 강의하지만, 손님으로 온 여기에서는 넥타이를 매는 것이 낫다고 느꼈습니다. 하지만 대본은 실행을 명령하지는 않습니다. 지구적 대본으로 들어가면 아마도 사람들은 상관없다고 말할지 모릅니다. 실행에서 많은 다양성이 있다면 문제 될 것이 없기 때문입니다. 이는 역사에 대한 단편적 시각을 갖게 합니다. 문명 연구는 거시 역사적입니다. 저는 10년이나 20년을 생각하지 않습니다. 권 교수님은 '권력에 관한 것'이라는 개념을 잘 이해하고 계십니다. 강제적 권력, 제도적 권력, 구조적 권력 이외에도 보이지 않고 간접적이며 기관에게는 주어지지 않는 권력이 있습니다. 여기서 정치학은 방향을 잃어버립니다. 왜냐하면 기관 없는 권력은 정치학에서 적절하지 않기 때문입니다. 하지만 기관 없는 권력은 세계에서 점점 증가하고 있습니다. 세계가 복잡한 것은 대부분 수많은 행위자들 사이의 간접적 피드백 회로 때문입니다. 기관 없는 권력 때문입니다. 이로 인해 시스템을 운영하는 것이 더 어려워졌습니다. 저에게 권력이란 추동하는 것입니다. 권력이 무엇인지 이해해야 합니다. 저는 권력이 항상 진보적이라고 생각하지 않습니다. 저는 1945년 독일에서 태어났습니다. 제가 배운 것 중 하나는 권력이 진보적이지 않다는 것입니다. 아우슈비츠 이후 알게 된 사실입니다. 이로 인해 저는 미국의 자유주의자와 구분됩니다. 저는 삶의 비극을 바라보는 관점으로부터 많은 영향을 받았습니다. 제 생각은 과학과 기술에 관한 일종의 보편적 직관이 아닙니다. 전혀 그렇지 않습니다. 과학은 완전히 퇴행적일 수 있습니다. 과학은 논쟁의 여지가 많습니다. 제가 불명확한 시각이나 도구를 가진 것처럼 보일 수 있지만, 순간을 만드는 것은 권력이라고 말하고 싶습니다. 어떤 면에서 이는 학문적 선택이지만 지적으로 대단히 편리합니다. 이를 통해 저는 많은 문제에서 벗어났습니다.

다음은 공통성이라는 주제입니다. 그것은 어디서 오는 것일까요? 이 점에서 저는 규범적이지 않고 기술적記述的입니다. 저는 그것을 관찰합니다. 사회과학, 특히 정치학과 경제학은 영토화된 정치에 상당히 집중합니다. 그런데 이 학문들은 탈영토화된 과정입니다. 지리학, 특히 근대 비판적 지리학은 가장 멀리 나아가 지리가 아닌 것을 연구했습니다. 저는 제가 보고 싶거나 우리가 해야 하는 것을 말하고 있지 않습니다. 무엇이 일어났는지를 말합니다.

국가의 중심부에서 다음과 같은 일이 발생했습니다. 국방 기술은 더 이상 국가에 의해 통제되지 않습니다. 아마도 10년간은 통제될 수 있을지 모릅니다. 하지만 이제는 국제적으로 2차, 3차 하도급 계약이 이뤄집니다. 제가 관찰한 바에 따르면, 국가 안보는 커다란 문제를 안고 있습니다. 원격조종기를 만드는 데는 소프트웨어만 있으면 됩니다. 그것은 널리 사용될 것입니다. 그것은 약자의 무기입니다. 지금 당장은 강자의 무기처럼 보입니다만, 그것은 약자의 무기입니다.

인간 존엄은 인권의 약한 버전이라고 생각합니다. 세계 인권선언이 나온 지 60년밖에 안 됐지만, 1987년 시아파[158]와 쿠르드족[159]을 독가스로 학살한 사담 후세인Saddam Hussein[160] 조차도 "나는 인권을 신경 쓰지 않는다. 시아파와 쿠르드족을 죽일 수밖에 없었다. 미안하지만 내 나라의 생존이 위태

---

158 [편집자 주] 이슬람교의 분파 중 하나. 이슬람교도의 90%를 차지하는 수니파와 함께 2대 종파를 이룬다. 마호메트의 후계 문제를 놓고 수니파와 대립했다.

159 [편집자 주] 이란, 이라크, 시리아, 터키 등지에 살고 있는 민족. 이라크에서는 부분적 자치권을 갖고 있지만, 다른 나라에서는 자치권이나 독립국 건설을 요구하는 민족운동을 계속 벌이고 있다.

160 [편집자 주] 사담 후세인(1937~2006). 이라크 제5대 대통령. 쿠웨이트 침략으로 일어난 걸프 전쟁에서 패배했고, 2003년 미국의 이라크 침공 때 체포돼 2006년 사형됐다.

로웠기 때문이다"라고 말하지는 못했습니다. 무솔리니Benito Mussolini[161]는 1930년대에 유럽인을 독가스로 학살했습니다. 영국과 프랑스가 "무슨 짓이냐?"고 묻자 그는 대답했습니다. "나는 문명국의 법을 따르고 있을 뿐이다." 그것이 당시 국제법이었습니다. 갈색 인종을 독가스로 죽이는 것은 합법이었습니다. 이제는 더 이상 그렇지 않습니다. 1940년대에서 1960년대까지 거대한 변화가 있었습니다. 1940년대 후반의 민족해방운동과 인권 정책이 정말로 중요했다고 생각합니다.

저는 계속 관찰하고 있습니다. 저는 좋은 것이라고 규정하지 않습니다. 발생했고 계속 발생하는 것. 저는 이를 되돌릴 수 있는 것으로 보지 않습니다. 되돌릴 수 있을까요? 물론 되돌릴 수도 있을 것입니다. 하지만 이러한 역사적 국면에서는 아닙니다. 무엇인가 매우 급격한 것이 발생해야 할 것입니다.

제가 생각하는 권력의 차원이 실천적인 것에 관한 김 교수님의 질문에 암시적인 답변을 준다고 생각합니다. 아이젠스타트는 근대성들이 다중적으로 함께 존재한다고 주장합니다. 그런데 이는 제가 선택한 개념화가 아닙니다. 저는 상호작용적인 것을 선택했습니다. 수직적 의미에서 앵글로아메리카를 지구적 복잡성에 연결할 수 있는 상호작용입니다. 또

---

161 [편집자 주] 베니토 무솔리니(1883~1945). 이탈리아의 정치인. 파시스트당을 조직해 1922년 쿠데타로 정권을 획득, 독재 체제를 구축했다. 2차 대전이 발발하자 독일 편에서서 프랑스와 영국에 대항했다.

는 지리적으로 수평적인 것을 채택할 수 있습니다. 프레드 블록의 인용은 도덕적 정치경제학의 영향을 받은 것으로 볼 수 있습니다. 저는 도덕적 정치경제학과 평화학을 정치 행위자로 간주합니다. 이들은 권력과 다른 형태의 영향력, 위신을 놓고 다른 행위자들과 경쟁을 벌이고 있습니다. 도덕적 정치경제학자나 평화학자들은 도덕적 신념에 기초해 공통성을 만들고 있습니다. 이것은 정치 행위입니다. 그리고 정치적으로 논쟁의 여지가 있습니다. 좋든 나쁘든, 아마도 나쁜 것이겠지만, 그들은 성공하지 못했습니다. 민주주의적 자본주의는 그들을 지지하지 않을 것입니다.

질문들 중 반 정도만 답한 것 같습니다. 모든 질문에 대답하지 못했지만, 이제 청중 분들의 질문을 들어본 다음 개념적 쟁점으로 돌아가겠습니다.

정진영 조선일보 전병근 기자님에게 질문할 기회를 드리겠습니다.

전병근 한국은 역사적으로 오랫동안 중국 문명권에 있었고, 근대화 과정에서는 미국으로 대표되는 서구 문명의 영향을 받았습니다. 그런데 최근에 중국이 부상하면서 한국은 두 문명 사이에 끼여 있는 것 같습니다. 이런 지정학적 위치 때문에 두 문명을 넘어서는 것보다는 오히려 보편적 문명에 가까운 쪽을 선택할 가능성이 많습니다. 중국과 미국이 인권이나 민주주의 같은 가치의 측면에서 차이를 보이고 있기도 하고요. 과연 한국은 중국 문명과 미국 문명 사이에서 어떤 입장을 취해야 되는지 교수님의 의견을 듣고 싶습니다. 또한 이 같은 선택의 문제가 잘못된 인식이라면 한국은 이 상황을 어떻게 이해해야 하는지 궁금합니다.

카젠스타인 두 가지 점을 제시하셨는데, 첫 번째는 단순하고 두 번째가 주된 질문인 것 같습니다. 한국은 미국 모델을 따라 근대화했다고 말씀하셨습니다. 1860년대 이후 아시아의 발전을 바라보는 경제사학자와 사회사 연구자들은 중국, 일본, 한국에서 많은 근대화와 발전이 진행됐다고 생각합니다. 미국 모델은 1940년대 후반 한국에 들어온 것으로 보입니다. 300년 동안의 산업혁명 전사前史 없이 산업혁명을 이해할 수 없는 것처럼, 1950~60년대 이후 한국의 산업화도 19세기 근대화와 산업화 없이 이해할 수 없습니다. 동아시아의 일반적인 역사적 뿌리를 보면, 19세기에 토착적인 경제적 실험과 개념화가 있었던 것으로 생각합니다. 다음으로 주된 질문을 살펴보겠습니다.

식당에 가면 코스별로 요리를 골라 시키거나 정식을 주문할 수 있습니다. 저는 항상 코스별로 요리를 고릅니다. 왜 한국인들은 코스별로 요리를 고르지 않지요? 왜 한국인들은 미국이나 중국의 정해진 메뉴를 선택하길 원할까요? 그것은 작은 나라들의 행동이 아닙니다. 작은 나라들은 영리하게 다음과 같이 말합니다. "우리는 그런 종류의 실존적 선택을 하지 않는다. 그것은 매우 위험하다. 우리는 이런저런 방식에 의존할 수 있도록 우리의 위치를 정한다." 국내 상황에서 두 명의 후보가 경쟁하면 둘 중 하나를 선택합니다. 그러나 세 명의 후보가 경쟁할 때는, 대통령 선거는 좀 다르지만 연립정부의 경우에는 항상 가장 작은 당이 다른 당과 정부를 구성해 주요 정당에 맞섭니다. 이런 방식으로 권력을 최대화합니다. 선택 범위의 측면에서 고려되는 것은 권력입니다. 우리는 가장 적절해 보이는 것을 메뉴에서 신중하게 골라야 합니다. 여러분은 중국의 상업적 부흥을 고려하는 방향으로 빠르게 움직였습니다. 한국 무역은 지난 15년간 극적으로 방향을 전환했습니다. 안보 관계는 그렇지 않습니다. 이는 매우 영리해 보입니다. 왜 여러분은 그렇게 했을까요? "우리는 이것 또는 저것을 해야 한다"라는 방식은 약자의 권력을 드러나지 않게 발휘하는 것입니다. '코끼리가 사랑을 나눌 때 풀은 고통스럽다.' 이것은 오래된 아프리카 속담입니다. 여러분은 풀이 되고 싶지 않을 것입니다. 정식 요리를 주문하는 것은 이것저것을 시켜 퓨전 요리를 만드는 것만큼 훌륭하지 않습니다.

앞서 질문 중에 학생들로부터 받고 싶었지만 아직까지 받지 못한 질문이 있었습니다. "한국이 문명이냐 아니냐?" 매우 흥미로운 질문입니다. 한국은 언제 스스로 문명이라고 확신하나요? 어떤 역사적 조건에서 그렇게 하나요? 이는 매우 많이 논의되는 문제입니다. 저는 한국 전문가가 아닙니다. 여러분은 모두 한국 전문가입니다. 여러분의 말씀에 귀를 기울이겠습니다.

권기붕 국가, 민족성, 민족 등 하나의 정체성으로 사람들을 통합하는 기관은 소멸될 것입니다. 왜냐하면 하나의 상징을 중심으로 사람들을 동원하는 기관이 실재하거나 눈에 보이지 않기 때문입니다. 카젠스타인 교수님의 답변은 민족과 국가가 사라지고 사회의 다른 행위자와 기관에 의해 대체된다는 것을 반드시 의미하는 것 같지는 않습니다. 오히려 우리가 물화된 차원, 추상적 관념, 그리고 민족과 국가와 같은 상징을 만드는 데 관여하는 정치적 조작에 주의를 기울이면, 차이 및 다른 문화나 문명에 조금 더 개방적이게 될 것이라는 점을 의미하는 것 같습니다. 그럼으로써 우리는 어떤 공통성을 발견하게 될 것입니다. 바로 이것이 논점이라고 생각합니다.

다카다 전 기자님의 질문은 양자택일이라는 전제에 기초합니다. 저는 양자택일을 상대주의적 선택이라고 부릅니다. 반면 다원주의적 선택은 일종의 초월적 관점을 취합니다. 저는 문화적 현실주의의 입장에 서 있습니다. 동아시아는 다원주의적 선택을 보장하는 초월적 틀을 갖고 있지 않습니다. 그래서 전 기자님이 양자택일의 개념을 고수하는 것입니다. 민족 개념을 폐기하고 그 대신 국가를 사용한다면, 개인의 차원이든 사회의 차원이든 강력한 공통의 구조, 강력한 개인주의적 구조가 필요합니다. 그래서 저는 사회적·문화적 현실주의를 고수합니다.

카젠스타인 일본인은 혼네本音[162]와 다테마에建前[163]를 구분한다고 알고 있습니다. 한번은 제 친구들에게 물어보았습니다. "어떻게 그렇게 지내지?" 그러자 그들이 말했습니다. "문제없어. 우리는 교섭을 하고 병행적으로 처리하지. 아이들 평행 놀이[164]처럼 말이야." 그들에게는 수고로운 일도 아닙니다. 제가 말했습니다. "때로는 위선적이라고 느껴지지 않을까?" 그들은 "아니, 그렇지 않아. 우리는 두 세계를 동시에 살지. 양자택일이 아니야"라고 말했습니다. 무라카미는 동아시아 유교 철학, 미국 경제학, 유럽 대륙 철학의 관점에서 『반고전적 정치경제학 연구*An Anticlassical Political-Economic Analysis*』라는 책을 저술했습니다. 그는 일본인이 유럽인과 다른 점을 다음

162 [편집자 주] 언어로 드러나지 않는 속내.

163 [편집자 주] 주변과의 조화를 고려한 언어화된 겉모습.

164 [편집자 주] 다른 아동들 틈에서 놀지만 서로 간섭하지 않고 혼자 노는 놀이.

과 같이 말합니다. 일본인은 난처한 상황에서도 노닥거린다고 합니다. 일본인은 걱정하지 않습니다. 이것이 바로 미국 실용주의 전통이 중국과 일본에서 큰 반향을 불러일으킨 원인이라고 생각합니다. 저는 선택의 문제가 미국의 세기에 한국에 던져졌다고 생각합니다. 그것은 동아시아의 토착적 전통이 아닙니다. 여러분은 훨씬 더 실용적입니다. 미국 변호사들이 그렇게 생각할 것입니다. 이곳에 온 그들이 "계약서에 사인하세요"라고 말합니다. 그러면 여러분은 말합니다. "꼭 그렇게 해야 합니까? 일단 나가서 한잔하고 악수나 하지요." 그들이 "아니요, 안 됩니다. 먼저 사인을 해야 합니다"라고 말하자 사인을 합니다. 변호사들은 더욱 노련해졌습니다. 계약서에 사인이 돼야 하지만 악수도 잊지 않습니다. 이것이 지난 25년 동안 양쪽에서 나타난 실용적 적응입니다. 이것이 통약성을 만듭니다.

민족에 관해서 말씀드리겠습니다. 저는 칼 도이치Karl Deutsch[165]에게서 배웠습니다. 그래서 저는 "어이, 민족들 …."이라고 운을 떼면서 문명 정치는 선도적인 정치이고 민족 정치는 대중적인 정치라고 말한 마지막 사람입니다. 제 동료인

---

165 [편집자 주] 칼 도이치(1912~1992). 체코슬로바키아 출생의 미국 사회학자, 정치학자. 전쟁과 평화, 민족주의, 커뮤니케이션을 주로 연구했다.

라운드테이블에서 발언하는 카젠스타인 코넬대 석좌교수.

벤 앤더슨Benedict Anderson[166]의 유물론적 기반을 생각하시면 됩니다. 1926년에 발행된 오토 바우어Otto Bauer[167]의 저서로 합스부르크 제국의 민족 문제를 다룬 책이 그 논거입니다. 오토 바우어와 도이치는 오스트리아헝가리 제국 출신이었습니다. 도이치의 삼촌은 공화국의 첫 국방장관이었습니다. 그래서 도이치는 사회민주주의자였고 도이치의 민족주의 이론은 곧 오토 바우어의 이론입니다. 하지만 도이치의 이론은 노버

166 [편집자 주] 베네딕트 앤더슨(1936~). 아일랜드의 정치학자. 역사적 유물론의 시각에서 민족주의의 기원을 분석한 것으로 유명하다.

167 [편집자 주] 오토 바우어(1881~1938). 오스트리아의 정치인. 오스트리아 마르크스주의의 지도적 사상가로 활동했다.

트 위너Norbert Wiener[168]의 커뮤니케이션 사이버네틱스 이론에 의해 변화됩니다. 그것은 근대화 이론으로, 모든 무지렁이를 동원함으로써 한 세기나 한 세기 반 동안의 민족주의를 경험할 것이라고 이야기합니다. 왜냐하면 그가 양적으로 추산한 동원율이 사회적 동화율보다 두세 배 정도는 높기 때문이었습니다. 이들은 이것 아니면 저것이라는 극단적 형태의 대중적 정치에 쓸모가 있었습니다. 그런데 그는 1940년대에 봉건제도의 얄팍한 허식에 관해 짧은 글을 썼습니다. 왜 봉건주의 문화는 250년이라는 일정 기간 동안 유럽을 통합했는가? 그러고 나서 왜 사라졌는가? 그는 또 다른 사회적·정치적 질서가 항상 있다는 것을 알고 있었습니다. 문명 정치에 대한 저의 개념화는 그러한 이중성에 의해 특징지어집니다. 민족주의는 여전히 발생하고 있습니다. 하지만 저는 더욱 긴 기간을 생각합니다. 얄팍한 허식 위에서 점점 증가하고 있는 것을 생각합니다. 도이치가 분석한 바와 같이 민족주의는 세계의 일부 지역에서 지배력을 잃고 있으며 다른 지역에서는 지배력을 획득하고 있습니다. 저는 이를 상반되는 것으로 보지 않습니다. 그것은 초문명이나 문화 횡단의 힘일까요? 식사를 함께하는 것은 훌륭한 민족지학적 지표입니다. 저는 기

168 [편집자 주] 노버트 위너(1894~1964). 미국의 수학자, 철학자로 생물과 기계의 통제와 커뮤니케이션을 과학적으로 연구하는 사이버네틱스를 창시했다.

차역에 가면 항상 누가 가판대에 서 있고 누가 누구하고 먹는지 지켜봅니다. 독일에서는 독일인과 터키인이 함께 식사를 하지 않습니다. 하지만 아시아 사회의 기차역에서는 함께 식사할 수 있습니다. 이는 통합의 수준을 말해줍니다.

정진영 이매뉴얼 교수님에게 질문 기회를 드리겠습니다.

이매뉴얼 카젠스타인 교수님은 문명의 복잡성 문제를 일종의 실용성으로 언급하셨습니다. 아시아인들이 목전의 현실에 많은 근거를 두고 있다고 말씀하셨습니다. 하지만 역사적으로 보면, 그것은 비교적 최근의 일입니다. 18세기 청나라 후반 지적 담론의 산물입니다. 실제로 그것은 당면한 것에 극단적으로 기초했고 극단적인 귀납적 접근이었습니다. 그것은 아시아 전체의 전통이 아닙니다. 어떤 면에서 서양과의 많은 만남은 아시아 내부에서 논쟁을 불러일으켰습니다. 예를 들어 메이지 유신[169]은 서구적 관념과 제도의 도입으로 볼 수 있지만, 어떤 점에서 메이지 천황이 확립한 것은 18세기 건륭제[170]를 다시 공식화하려는 시도였습니다. 건륭제는 국가라

169 [편집자 주] 19세기 후반 왕정복고와 함께 시작된 일본의 근대화 운동. 자본주의를 도입하고 입헌정치를 시행했으며 사회·문화적 근대화를 추진했다.

170 [편집자 주] 건륭제(1711~1799). 중국 청나라의 제6대 황제로 청나라를 정치, 경제, 문화 대국으로 만들었다.

는 비전에 큰 영향을 미쳤고, 이는 메이지 유신 시대 사람들의 할아버지 세대에게 성공한 문명으로 비쳤습니다. 따라서 서양으로 방향을 전환했지만 항상 그 이면에는 무엇이 있습니다. 이러한 논의는 너무 복잡한 것 같습니다. 18세기 유럽을 보면, 화약이나 인쇄술은 물론 행정조직 역시 일반적으로 아시아, 특히 중국의 영향을 받았습니다.

카젠스타인 항상 정치적 목적을 위해 전통을 다시 만듭니다. 되짚어보면 그것은 고도의 정치 기획입니다. 제가 말씀드리고 싶은 것은 전통이 없다는 것입니다. 전통은 권력의 상상적 행위이며 설득과 경쟁 같은 것입니다. 그래서 저는 전통을 주어진 것으로 생각하지 않습니다. 전통은 권력의 행사입니다. 고등학교 교과과정을 보면 어떻게 전통이 재창조되는지 알 수 있습니다. 제자 중 한 명이 도쿄, 파리 등 네 나라 수도에 있는 대학의 강의 목록에서 세계사에 대한 여러 개념화의 흥망성쇠를 확인했습니다. 우리는 권력을 갖고 있습니다. 사람들은 그것을 알지 못합니다. "당신은 교수일 뿐이잖아요"라고 할지 모르지만, 정신의 권력은 중요한 권력입니다.

질문자 미중 관계에 대한 문제에 조금 더 덧붙이고 싶습니다. 잘 아시다시피 냉전 기간에 유명한 논쟁이 있었습니다.

양극 체제와 다극 체제 중 세계의 갈등을 완화하는 데 보다 도움이 되는 것이 무엇인지에 관한 논쟁이었습니다. 양극 체제가 더욱 효과적이라는 주장의 근거 중 하나는 국익이라는 명목하에 국내적이고 다원적이고 다양한 이익이나 갈등이 균형 잡히고 억제될 수 있다는 것이었습니다. 그래서 저는 이를 통해 미래의 미중 관계를 유추해보고 싶습니다. 중국과 미국이 서로를 충분히 이해해 국내 문제가 잘 통제될 수 있도록 하는 것이 필요하다고 생각하시는지 궁금합니다. 예를 들어 미국에 대항하는 중국의 민족주의나 중국에 대항하는 미국의 대중주의가 균형 잡히고 억제돼 문명에 대한 다원주의적 이해가 유지될 수 있을 것 같습니다.

카젠스타인 예전 동료인 톰 크리스천슨Tom Christianson은 부시 행정부에서 국무부 동아시아 담당 차관보를 지냈습니다. 저는 그의 강의를 듣고 글도 읽었습니다. 그에 따르면, 2000년대 중국과 미국의 정책 협력과 대화의 정도가 1980년대 일본과 미국의 수준보다 10배나 컸다고 합니다. 양 정부 간에는 엄청난 양의 대화가 오가고 있습니다. 공산당 인사를 포함한 지식인들과의 몇 안 되는 만남을 생각하면, 그들은 매우 노련하고 빈틈이 없습니다. 그들은 1년에 대여섯 번 정도 미국에 머뭅니다. 그들은 정치적 게임을 잘 이해하고 있습니다. 미국도 마찬가지일 것입니다. 하지만 이것은 중요한 문제가 아닙니다.

중요한 문제는 '국내적으로 어떻게 권력이 조직되는가?'입니다. 어떤 제도, 어떤 연합이 승리할까요? 롬니Mitt Romney[171]가 이겼으면 좋았을 것이란 생각이 듭니다. 롬니는 지나칠 정도로 비즈니스맨입니다. 그는 "국가 안보에 많은 돈을 써야 한다"고 말했을 것입니다. 돈이 없으면서도 말입니다. 그것이 공화당의 대응 또는 전략이었을 것입니다. 보호무역주의자인 민주당은 그것을 뒤흔들지 않을 것입니다. 하지만 미국 정치의 중도파를 반대하고 몰아낼 좌파와 우파가 있었다면, '월스트리트를 점거하라' 시위는 연방 차원에서 사라지고 지역 차원의 감정으로 존재했을 것입니다. 미국 정치의 취약성과 선거 과정의 불합리가 중도파를 몰아내면 무슨 일이 벌어날지 모릅니다. 중국에서는 보시라이Bo Xilai 사건[172]이 일종의 경고였습니다. 이 시스템은 그다지 견고하지 않습니다. 부패가 통제되거나 군부에 의해 억제되지 않으면 그런 종류의 정치가 주도하게 됩니다. 그런데 "중국과 미국 사이에 전쟁이 일어날까요?"라고 묻는다면, 전쟁은 중국이 아니라 미국으로부터 시작될 것이라고 대답할 것입니다. 왜냐하면 미

171 [편집자 주] 미트 롬니(1947~). 매사추세츠 주지사를 지내고 2012년 미국 대통령 선거에 공화당 후보로 출마했지만 오바마에게 패했다.

172 [편집자 주] 중국의 충칭 시 당서기인 보시라이와 관련된 비리들이 드러난 정치 스캔들.

국은 "우리는 지역 패권을 용인하지 않을 것"이라고 말할 것이기 때문입니다. 중국은 동아시아나 동남아시아를 지배하지 않을 것입니다. 중국은 매우 커지겠지만 지배하지는 않을 것입니다. 중국은 미국이 알지 못하는 권력에 대한 태도를 길렀습니다. 그것은 바로 자제력입니다. 자제력은 실행하기 가장 어려운 형태의 권력입니다. 100년이나 200년을 내다보면, 단기적으로는 권력 행사의 자제력이, 장기적으로는 헤게모니 권력이 창출될 것입니다.

질문자 인간의 안녕은 동서양 모든 곳에서 매우 일반적인 용어가 됐습니다. 하지만 인간 안녕이란 과연 무엇일까요? 아마 동양과 서양이 다를 것입니다. 동양에는 인간 안녕에 관한 개념이 많이 있습니다. 그것은 미래와 관련해 매우 논쟁적인 영역이 됐습니다. 우리는 실용성이라는 측면에서 그것에 집중할 수 있습니다. 동서양 대신에 그리고 그것을 넘어 복잡성, 과정 등을 이야기했지만, 이러한 용어들은 너무 추상적입니다. 인간 안녕은 무엇을 의미할까요? 그것은 어떻게 동양과 서양을 넘어설 수 있을까요?

카젠스타인 안녕의 정의는 논란의 여지가 많다는 점에 동의합니다. 하지만 인간과 인류라는 개념의 등장은 커다란 변화입니다. 과소평가하면 안 됩니다. 너무 추상적이라고 말씀하셨는데, 맞습니다, 너무 추상적입니다. 하지만 거의 200년 동안 우리와 함께해온 지식의 감옥에서 벗어나기 위해서는 관례를 깨야 합니다. 이것이 제가 하고 있는 일입니다. 이것은 힘든 일입니다. 중국의 CCTV-9에서 저를 인터뷰한 적이 있습니다. 10분이 지나자 사회자는 인터뷰를 중단하고 말했습니다. "중국인들에게 사과를 하셔야 할 것 같은데요." 저는 대답했습니다. "아니요, 그럴 생각 없습니다. 저는 교수입니다. 제 임무는 사과하는 것이 아니라 생각하는 것입니다." 사회자는 인터뷰를 멈추지 않았지만 중단하고 싶었을 것입니다. 그 인터뷰는 방송에 나가지 않았습니다. 저는 학자의 연구가 관례를 깨는 것이라고 생각합니다.

인간 안녕이 매우 다양한 것을 의미하고 논란의 여지가 있다는 데 동의합니다. 하지만 더 이상 이론의 여지가 없는 인간과 인류라는 개념이 있다는 것은 사실입니다. 권위자로서 그것을 믿지 않는다고 말한다면, 어떤 정체에서라도 정통성의 측면에서 엄청난 대가를 치를 것입니다.

이한구 카젠스타인 교수님, 제가 드린 세 가지 질문에 대해서 아직 정확한 답을 듣지 못했습니다.

카젠스타인 왜 중화화에 관해서만 글을 쓰냐는 질문이 있었습니다. 인생은 짧고 중화화에 관심이 있었기 때문입니다. 그것은 학자의 특권입니다. 저는 아이젠스타트의 연구 때문에 일본을 문명으로 여겼습니다. 데이비드 르헤니David Leheny가 일본에 관해 쓴 논문을 3부작 중 1권에 포함시켰습니다. 일본의 자기 이해에서는 일본이 문명이라는 것이 명확하지 않다고 그는 말합니다. 그것이 문제입니다.

한국에 대해서는 잘 알지 못합니다. 이런 말씀을 드리고 싶습니다. 모든 문명들이 시작된 아프리카에 열 개의 문명이 있는지, 아니면 스무 개, 서른 개의 문명이 있는지 학자들은 전혀 모릅니다. 완벽한 세계지도를 가질 필요가 없다는 것은 아닙니다. 그것이 학문의 목적이라면 누구도 그것에 관해 글을 쓰지 못할 것입니다. 일생을 바쳐도 모자란 일이기 때문입니다. 저는 교수님의 질문에 대해 답변을 드릴 수 없습니다. 여러분이 제게 해답을 주실 것을 기대하며 한국을 찾았습니다.

교수님의 다른 질문을 살펴보겠습니다. 교수님이 제시하신 문명의 구조를 보면, 중심부에 종교와 문화가 있고, 바깥쪽에 과학과 기술 같은 것이 있습니다. 실제로 이것이 문명을 이룹니다. 그리고 바깥쪽으로 계속 가면 보편성으로 귀결됩니다. 이것이 타당한지 잘 모르겠습니다. 일본을 한번 보겠습니다. 일본의 기술 민족주의를 생각해보면, 기술은 실제로 중심부에 있습니다. 이에 따라 일본 사회는 지난 250년 동안 근대성을 체계화했습니다. 종교 같은 경우, 1980년대에 1

만 개의 새로운 종교가 내각부에 등록됐습니다. 10년 동안 1만 개의 뉴에이지 종교가 등장한 것입니다. 종교가 중심부에 포함될지도 모르지만 아마 그렇지 않을 것입니다. 종교가 응집력을 제공한다고 하지만 그것은 단지 사회적 유행을 제시합니다.

이 문명의 구조는 정치에 의해 다른 설정에서 재편성될 수 있습니다. 그리고 같은 국가 혹은 정체에서 시간이 흐름에 따라 다시 그럴 수 있습니다. 교수님이 언급하신 '서양의 기술을 가진 한국의 정신'은 특정한 정치적 구성을 위한 간단한 정식화라고 생각합니다. 특정한 시기의 표준을 만드는 것입니다. 어떤 것이 표준으로 보일 때마다 저는 정치가 개입됐다고 봅니다. 표준화는 완전히 정치적인 행위이며, 제도는 표준화가 일어나도록 설계됩니다. 이런 관점에서 연구해볼 만한 제도가 대학입니다. 시험 전날 밤이나 이틀 전 학생들에게 공포를 불러일으키는 대학은 매우 제도적입니다. 전 지구적 현상입니다.

교수님의 논평은 내적으로 유효하지만, 토인비와 슈펭글러의 개념화에 대해 저는 동의하지 않습니다. 그것은 지식인에 의한 개념화입니다. 특정한 시간과 특정한 설정을 위한 정치 기획입니다. 저는 "따라서 이렇게 돼야 한다"고 말하지 않습니다. 교수님은 중심부가 적응할 수 있고 변화할 수 있다고도 하셨습니다. 그것이 옳다고 생각합니다.

중국과 중국의 비평화적인 권력 사용을 지적하신 두 번째 질문을 보겠습니다. 교수님은 정치, 경제, 문화를 세 개의 양동이처럼 생각하시는 것 같습니다. 그것은 분리돼 담겨 있고 서로 다른 방식으로 채색돼 있으며 서로 다른 액체를 담고 있습니다. 글쎄요, 저는 잘 모르겠습니다. 이것은 학계에서 사용하는 물화라고 생각합니다. 제가 언급한 문화 정치학이나 도덕적 경제학은 이들 양동이에 많은 구멍이 있어 물이 밖으로 흘러나온다고 말합니다. 제 주장의 요점은 중화화 같은 문명화 과정은 쌍방향 도로이지 일방통행이 아니라는 것입니다. 권력자들은 힘의 발산에 의해 영향을 받는 일은 없을 것이라고 항상 생각합니다. 이것은 권력의 자만심입니다. 사회학은 문명 연구를 진지하게 받아들이는 분야입니다. 사회학적으로 생각해보면, 그것은 교환관계입니다. 강대국을 다시 만들게 되는 의도하지 않은 결과가 있습니다. 중국인들이 이해하지 못하는 것들 중 하나는, 그들이 부흥으로 말미암아 얼마나 극적으로 다시 만들어질 것인가 하는 점입니다. 그들은 변화하지 않을 것이라고 생각합니다. 그것은 터무니없는 생각입니다. 현재 미국의 대학원생 중 25%를 차지하는 중국인 학생이 본국으로 돌아가면 중국에 영향을 미치게 되지 않을까요? 엄청난 효과가 있을 것입니다. 미국에서 교육을 받은 학계, 재계, 정계, 군부의 지도자들이 있다면, 민족주의자들이 미국 자본주의에 대항해 맹목적 애국주의자들을 동원하는 것이 쉽지는 않을 것입니다. 중국인들이 생각하지 못하는 새로운 가능성과 새로운 정치가 중국에서 나타날 것입니다. 공산당은 커다란 문제를 안고 있습니다. 시민사회가 이런 방식으로 확장될 수 있기 때문입니다.

저는 중화화가 반드시 아름답게 될 것이라고 말하는 것이 아닙니다. 왕궁우는 중화화가 역사적으로 대부분의 시기에 있었지만 예정된 것은 아니었다고 말합니다. 그것은 국내 정치에 달려 있습니다.

교수님은 다형적 지구화가 아니라 보편적 지구화가 더 나을 것이라고 말씀하십니다. 그런데 보편적 지구화는 제 생각에 바람직하지 않은 개념을 만들어냅니다. 그것은 바로 역사적 목적론입니다. 역사는 제약 없이 열려 있습니다. 어떻게든 특정한 방향으로 귀결돼야 하는 것이 아닙니다. 정치는 모든 것을 뒤집을 수 있습니다. 그것은 새로운 지역주의를 만들 수도 있습니다. 저는 보편적 지구화를 좋아하지 않습니다. 그것은 일종의 계몽주의 시대를 미래에 비추기 때문입니다.

전병근 문명과 관련해 과연 가치중립적일 수 있을까, 가치판단에서 자유로울 수 있을까, 이런 점이 저의 기본 전제입니다. 한반도는 동서양 대표적인 국가의 접경지대에 머무르고 있습니다. 과거에는 전쟁이라는 아픔도 겪었습니다. 중국과 미국으로 대표되는 상이한 경쟁적 체제는 여전히 갈등적 요소를 안고 있습니다. 따라서 한국은 이런 상황에 민감할 수밖에 없습니다. 동서양을 넘어선다는 말에 대해 쉽게 공감을 할 수 없는 것이 사실입니다. 이 같은 한반도 문제에 미국은 어떻게 접근해야 할까요? 국제정치학자의 조언을 듣고 싶습니다.

카젠스타인 다행스럽게도 저는 교수이지 조언자가 아닙니다. 문명은 잠시 접어두고 민족주의에 대해 말씀드리겠습니다.

한반도에 무슨 일이 일어날까요? 미국이 개입을 할까요? 어떤 조건에서 개입할까요? 중국이 침략했다고 가정해봅시다. 미국은 아시아에서 또 다른 지상전을 벌이고 싶어 할까요? 저는 매우 의심스럽습니다. 하지만 추측일 뿐입니다. 저는 잘 모릅니다만 그것은 가능성이 매우 낮습니다. 미국은 한반도 지역의 안정에 이해관계가 있을까요? 예, 그렇습니다. 미국은 한국에 군대를 주둔시키는 것과 관련해 국내적으로 정치적 갈등을 겪고 있을까요? 많은 갈등은 아닐 것입니다. 전문가들 사이에서는 갈등이 있지만 일반인은 그렇지 않습니다. 현재 미국의 간섭주의 욕구는 그리 크지 않다고 봅니다.

제가 이와 관련해 가치를 두고 있을까요? 맞습니다, 폴란드에 가치를 두는 것과 마찬가지입니다. 폴란드, 그리고 러시아와 독일에 대해 가치판단을 내려야 한다면, 저는 폴란드가 첫째, 러시아와 독일이 두 번째입니다. 폴란드는 러시아와 독일 때문에 150년 동안 민족국가가 아니었습니다. 그러고 나서 독일에 의해 점령됐고 수백만 명의 폴란드인이 살해당했습니다. 저는 가치판단을 하지만, 이것은 저의 개인적인 정치적 판단입니다. 도덕적 정치경제학에 기초해 부당하고 불공평하고 정당화할 수 없다고 말하는 것이 아닙니다. 그런데 문명을 이야기할 경우, 문화적 현실주의자는 문화적 상대주의자가 됩니다. 좋은 것과 나쁜 것을 판단할 수 없습니다. "그들은 이것을 하고 싶어 합니다, 좋습니다. 그들이 하고 싶어 하는 것, 좋은 일입니다"라고 말하는 것입니다. 유명한 유대교 랍비처럼 항상 고개를 끄덕입니다. 세계시민적 자유주의자는 보편주의자입니다. "하나의 표준이 있습니다. 그것이 우리 것이 됐으니 행운입니다. 당신도 그렇게 변하는 것이 좋을 것입니다"라고 말합니다. 이것은 비판당할 수밖에 없는 틀린 것으로 생각됩니다. 이러한 두 가지 영토화된 과정을 확인하면서 저는 인간의 존엄과 안녕이라는 측면에서 가치판단을 할 수 있습니다. 저는 가치 상대주의자가 아니지만 세계시민적 자유주의자도 아닙니다.

전병근 하지만 인간의 존엄과 안녕 측면에서 중국 문명과 앵글로아메리카 문명 간에 차이가 있지 않습니까?

카젠스타인 아니요, 없습니다. 그 두 가지 속성은 미국이나 중국 문명의 일부가 아닙니다. 그것은 그 문명들이 존재하는 더 커다란 문맥, 제 표현에 따르면 문명의 근대성입니다. 중국과 미국 같은 개별적 정치권력과 개별적 문명은 그러한 과정을 중시해야 합니다. 그렇지 않으면 그들은 정당성을 잃게 됩니다. 중국 공산당에게 이는 위대한 투쟁입니다. 그들이 이룬 믿을 수 없는 경이로운 성공 때문에, 3~4억 명의 사람들을 빈곤에서 벗어나게 해야 하기 때문에 그들은 분투하고 있습니다. 주민들은 그들에게 엄청난 호의를 갖고 있습니다. 그럴 만한 이유가 있는 것입니다. 그리고 그들은 인간의 존엄을 경제적이고 사회적인 차원에서 규정하고자 합니다. 저는 이렇게 바라봅니다. 존엄과 안녕은 개별적 문명의 속성이 아닙니다. 근대성의 문명의 문맥적 속성입니다. 그 안에서 그들은 움직이고, 벗어날 수 없으며, 부분적으로 그것에 의해 구성됩니다.

정진영 토론을 마쳐야 할 시간입니다. 피터 카젠스타인 교수님과 패널 분들, 그리고 토론에 참여하신 다른 모든 분들께 감사를 드립니다.

참고 문헌

Abu-Lughod, Janet L. (1989) *Before European Hegemony: The World System A.D. 1250-1350*, New York: Oxford University Press.

Allawi, Ali A. (2009) *The Crisis of Islamic Civilization*, New Haven, CT: Yale University Press.

Appiah, Kwame Anthony (2006) *Cosmopolitanism: Ethics in a World of Strangers*, New York: W.W. Norton.

Aydin, Cemil (2007) *The Politics of Anti-Westernism in Asia: Visions of World Order in Pan-Islamic and Pan-Asian Thought*, New York: Columbia University Press.

Barnett, Michael (2011) *Empire of Humanity: A History of Humanitarianism*, Ithaca, NY: Cornell University Press.

Barnett, Michael and Duvall, Raymond (eds) (2006) *Power in Global Governance*, Cambridge: Cambridge University Press.

Barth, Boris and Osterhammel, Jürgen (eds) (2005) *Zivilisierungsmissionen: Imperiale Weltverbesserung seit dem 18, Jahrhundert*, Konstanz: UVK Verlagsgesellschaft.

Bartlett, Beatrice S. (1991) *Monarchs and Ministers: The Grand Council in Mid-Ch'ing China, 1723-1820*, Berkeley: University of California Press.

Bender, Thomas (2006) *A Nation among Nations: America's Place in World History*, New York: Farrar, Straus and Giroux.

_______(ed.) (2002) *Rethinking American History in a Global Age*, Berkeley: University of California Press.

Ben-Yehuda, Hemda (2003) "The 'Clash of Civilizations' Thesis: Findings from International Crises, 1918-1994," *Comparative Civilizations Re-*

view 49: 28-42.

Bernal, Martin (1987) *Black Athena: The Afroasiatic Roots of Classical Civilization*, New Brunswick, NJ: Rutgers University Press.

Bowden, Brett (2009) *The Empire of Civilization: The Evolution of an Imperial Idea*, Chicago: The University of Chicago Press.

Braudel, Fernand (1993) *A History of Civilizations*, New York: Penguin.

Brody, Hugh (2001) *The Other Side of Eden: Hunters, Farmers, and the Shaping of the World*, New York: North Point Press.

Brooks, David (2011) "Huntington's Clash Revisited," *The New York Times* (3 March). Online. Available at: http://www.nytimes.com/2011/03/04opinion/04brooks.html?_r=2&pagewanted=print (accessed 25 May 2011).

Browning, Christopher S. and Lehti, Marko (2010) "The West: Contested, Narrated, and Clustered," in Browning and Lehti (eds), *The Struggle for the West: A Divided and Contested Legacy*, New York: Routledge, pp. 15-32.

Buruma, Ian and Avishai, Margalit (2004) *Occidentalism: The West in the Eyes of Its Enemies*, New York: Penguin.

Callahan, William A. (2010) *China: The Pessoptimist Nation*, New York: Oxford University Press.

Chen, Xiaomei (1992) "Occidentalism as Counterdiscourse: 'He Shang' in Post-Maoist China," *Critical Inquiry* 18(4): 686-712.

Chiozza, Giacomo (2002) "Is there a Clash of Civilizations? Evidence from Patterns of International Conflict Involvement, 1946-97," *Journal of Peace Research* 39(6): 711-34.

Chipman, John (1989) *French Power in Africa*, Oxford: Blackwell.

Chua, Amy (2007) *Day of Empire: How Hyperpowers Rise to Global Dominance — And Why They Fall*, New York: Doubleday.

Cox, Robert W. (2000) "Thinking about Civilizations," *Review of International Studies* 26: 217-34.

Eisenstadt, Shmuel N. (2002) "The Civilization of the Americas: The Crystallization of Distinct Modernities," *Comparative Sociology* 1(1): 43-61.

Eisenstadt, S.N. and Schluchter, Wolfgang (1998) "Introduction: Paths to

Early Modernities — A Comparative View," *Dædalus* 127(3): 1-18.

Elias, Norbert (1978) *The History of Manners*, Oxford: Blackwell.

_______ (2000) *The Civilizing Process: Sociogenetic and Psychogenetic Investigations*, revised edition, Oxford: Blackwell.

Elliott, Mark C. (2001) *The Manchu Way: The Eight Banners and Ethnic Identity in Late Imperial China*, Stanford, CA: Stanford University Press.

Ferguson, Niall (2011) *Civilization: The West and the Rest*, London: Allen Lane.

Ferguson, Yale H. (2007) "Pathways to Civilization," in Martin Hall and Patrick Thaddeus Jackson (eds), *Civilizational Identity: The Production and Reproduction of "Civilizations" in International Relations*, New York: Palgrave, pp. 191-97.

Fox, Jonathan (2001) "Clash of Civilizations or Clash of Religions: Which Is a More Important Determinant of Ethnic Conflict?" *Ethnicities* 1: 295-320.

Freud, Sigmund (1961) *Civilization and Its Discontents*, New York: W.W. Norton.

GhaneaBassiri, Kambiz (2010) *A History of Islam in America: From the New World to the New World Order*, Cambridge: Cambridge University Press.

Gong, Gerrit W. (1984) *The Standard of "Civilization" in International Society*, Oxford: Clarendon Press.

Haas, Ernst B. (2000) *Nationalism, Liberalism, and Progress, Volume 2. The Dismal Fate of New Nations*, Ithaca, NY: Cornell University Press.

Hamilton, Alexander, Madison, James, and Jay, John (1961) *The Federalist Papers*, ed. Clinton Rossiter, New York: New American Library.

Hamilton, Gary G. (2010) "World Images, Authority, and Institutions: A Comparison of China and the West," *European Journal of Social Theory* 13(1): 31-48.

Harrell, Stevan (1995) "Introduction: Civilizing Projects and the Reaction to Them," in Stevan Harrell (ed.), *Cultural Encounters on China's Ethnic Frontiers*, Seattle: University of Washington Press, pp. 3-36.

Hartz, Louis (1964) *The Founding of New Societies*, New York: Harcourt, Brace.

Henderson, Errol A. and Tucker, Richard (2001) "Clear and Present Strangers: The Clash of Civilizations and International Conflict," *International Studies Quarterly* 45: 317-38.

Hendrickson, David H. (2006) "Of Power and Providence: The Old U.S. and the New EU," *Policy Review* 135 (Feb.-Mar.): 23-42.

Hertzke, Allen D. (2004) *Freeing God's Children: The Unlikely Alliance for Global Human Rights*, Lanham, MD: Rowman & Littlefield.

Ho, Ping-Ti (1998) "In Defense of Sinicization: A Rebuttal of Evelyn Rawski's 'Reenvisioning the Quing,'" *The Journal of Asian Studies* 57(1): 123-55.

Hodgson, Marshall G.S. (1974) *The Venture of Islam: Conscience and History in a World Civilization*, 3 vols, Chicago: The University of Chicago Press.

_______(1993) *Rethinking World History: Essays on Europe, Islam and World History* (edited with introduction and conclusion by Edmund Burke III), Cambridge: Cambridge University Press.

Holcombe, Charles (2001) *The Genesis of East Asia 221 B.C.-A.D. 907*, Honolulu: University of Hawai'i Press.

Hunt, Michael H. (1987) *Ideology and U.S. Foreign Policy*, New Haven, CT: Yale University Press.

Huntington, Samuel P. (1996) *The Clash of Civilizations and the Remaking of World Order*, New York: Simon & Schuster.

_______(2004) *Who Are We? The Challenges to America's National Identity*, New York: Simon & Schuster.

Ignatieff, Michael (ed.) (2005) *American Exceptionalism and Human Rights*, Princeton, NJ: Princeton University Press.

Inglis, David (2010) "Civilizations or Globalization(s)? Intellectual Rapprochements and Historical World-Visions," *European Journal of Social Theory* 13(1): 135-52.

James, Harold (2006) *The Roman Predicament: How the Rules of International Order Create the Politics of Empire*, Princeton, NJ: Princeton University Press.

Jasanoff, Maya (2005) *Edge of Empire: Lives, Culture, and Conquest in the East, 1750-1850*, New York: Alfred A. Knopf.

Kachru, Braj (1985) "Standards, Codifications, and Sociolinguistic Realism: The English Language in the Outer Circle," in R. Quirk and H.G. Widdowson (eds), *English in the World*, Cambridge: Cambridge University Press, pp. 11-30.

Kagan, Robert (2007) *Dangerous Nation: America's Foreign Policy from Its Earliest Days to the Dawn of the Twentieth Century*, New York: Vintage Books.

Kang, David C. (2010) "Civilization and State Formation in the Shadow of China," in Peter J. Katzenstein (ed.), *Civilizations in World Politics: Plural and Pluralist Perspectives*, London and New York: Routledge, pp. 91-113.

Katzenstein, Peter J. (ed.) (2010a) *Civilizations in World Politics: Plural and Pluralist Perspectives*, London and New York: Routledge.

_______(2010b) "'Walls' between 'Those People'? Contrasting Perspectives on World Politics," *Perspectives on Politics* 8(1): 11-25.

_______(ed.) (2012a) *Sinicization and the Rise of China: Civilizational Processes beyond East and West*, New York: Routledge.

_______(ed.) (2012b) *Anglo-America and Its Discontents: Civilizational Identities beyond West and East*, New York: Routledge.

_______(2013) "States and Power as *Ur*-Force: Domestic Traditions and Embedded Actors in World Politics," in Martha Finnemore and Judith Goldstein (eds), *Back to Basics: State Power in a Contemporary World*, New York: Oxford University Press, pp. 139-56.

Katzenstein, Peter J. and Hemmer, Christopher (2002) "Why Is There No NATO in Asia? Collective Identity, Regionalism and the Origins of Multilateralism," *International Organization* 56(3): 575-607.

Katzenstein, Peter J. and Keohane, Robert O. (eds) (2007) *Anti-Americanisms in World Politics*, Ithaca, NY: Cornell University Press.

Knöbl, Wolfgang (2007) *Die Kontingenz der Moderne: Wege in Europa, Asien und Amerika*, Frankfurt/New York: Campus.

Koh, Tommy, Yeo, Lay Hwee, and Latif, Asad (2000) *Asia and Europe: Essays and Speeches*, Singapore and River Edge, NJ: World Scientific

Pub. and Asia-Europe Foundation.

Krasner, Stephen D. (1978) *Defending the National Interest: Raw Materials Investments and U.S. Foreign Policy*, Princeton, NJ: Princeton University Press.

Kuhn, Philip A. (1990) *Soulstealers: The Chinese Sorcery Scare of 1768*, Cambridge, MA: Harvard University Press.

Kurth, James (2010) "The United States as a Civilizational Leader," in Peter J. Katzenstein (ed.), *Civilizations in World Politics: Plural and Pluralist Perspectives*, London and New York: Routledge, pp. 41-66.

Kurzweil, Ray (2005) *The Singularity Is Near: When Humans Transcend Biology*, New York: Vintage.

Laitin, David (1988) "Political Culture and Political Preferences," *American Political Science Review* 82(2): 589-93.

Lawrence, Bruce B. (2010) "Islam in Afro-Eurasia: A Bridge Civilization," in Peter J. Katzenstein (ed.), *Civilizations in World Politics: Plural and Pluralist Perspectives*, London and New York: Routledge, pp. 157-75.

Lee, Jennifer (2008a) *The Fortune Cookie Chronicles*, New York: Twelve.

________(2008b) "Solving a Riddle Wrapped in a Mystery Inside a Cookie," *New York Times* (16 January).

Lewis, Bernard (1990) "The Roots of Muslim Rage," *Atlantic Monthly* (Sept.): 47-60.

Lieven, Anatol (2004) *America Right or Wrong: An Anatomy of American Nationalism*, New York: Oxford University Press.

Lind, Michael (1995) *The Next American Nation: The New Nationalism and the Fourth American Revolution*, New York: Free Press.

________(2006) *The American Way of Strategy: U.S. Foreign Policy and the American Way of Life*, New York: Oxford University Press.

Linklater, Andrew (2011) *The Problem of Harm in World Politics: Theoretical Investigations*, New York: Cambridge University Press.

Lipset, Seymour Martin (1996) *American Exceptionalism: A Double-Edged Sword*, New York: W.W. Norton.

Liu, Lydia H. (2004) *The Clash of Empires: The Invention of China in Modern World Making*, Cambridge, MA: Harvard University Press.

Magister, Sandro (2009) "Erdogan and the Christians. Few Promises, Zero Action." Online. Available at http://chiesa.espresso.repubblica.it/articolo/1339804?eng=y (accessed 11 March 2011).

Mahathir bin Mohamad and Shintarō Ishihara (1995) *The Voice of Asia: Two Leaders Discuss the Coming Century*, New York: Kodansha International.

Mahbubani, Kishore (2008) *The New Asian Hemisphere: The Irresistible Shift of Global Power to the East*, New York: PublicAffairs.

Mann, Michael (1993) *The Sources of Social Power, Volume 2. The Rise of Classes and Nation-States, 1760-1914*, Cambridge: Cambridge University Press.

Mathy, Jean-Philippe (1993) *Extrême Occident: French Intellectuals and America*, Chicago: The University of Chicago Press.

Mayntz, Renate (2004) "Mechanisms in the Analysis of Macro-Social Phenomena," *Philosophy of the Social Sciences* 34(2): 237-59.

McNeill, William H. (1963) *The Rise of the West: A History of the Human Community*, Chicago: The University of Chicago Press.

_______(1990) "*The Rise of the West* after Twenty-Five Years," *Journal of World History* 1: 1-21.

Mead, Walter Russell (2002) *Special Providence: American Foreign Policy and How It Changed the World*, New York: Knopf.

_______(2007) *God and Gold: Britain, America, and the Making of the Modern World*, New York: Alfred A. Knopf.

Mehta, Uday Singh (1999) *Liberalism and Empire: A Study in Nineteenth-Century British Liberal Thought*, Chicago: The University of Chicago Press.

Melleuish, G.C. (2009) "The West, the Anglo-sphere and the Ideal of Commonwealth," *Australian Journal of Politics and History* 55(2): 233-47.

Meunier, Sophie (2007) "The Distinctiveness of French Anti-Americanism," in Peter J. Katzenstein and Robert O. Keohane (eds), *Anti-Americanisms in World Politics*, Ithaca, NY: Cornell University Press, pp. 129-56.

Mintz, Sidney W. (2009) "Asia's Contributions to World Cuisine," *The*

Asia-Pacific Journal, 18-2-09 (1 May). Online. Available at: http://japanfocus.org/articles/print_article3135 (accessed 4 May 2009).

Morris, Ian (2010) *Why the West Rules — For Now: The Patterns of History, and What They Reveal about the Future*, New York: Farrar, Straus and Giroux.

Murakami, Yasusuke (1996) *An Anticlassical Political-Economic Analysis*, Stanford, CA: Stanford University Press.

Nau, Henry R. (2013) *Conservative Internationalism: Armed Diplomacy under Jefferson, Polk, Truman, and Reagan*, Princeton: Princeton University Press.

Neumayer, Eric and Plümper, Thomas (2009) "International Terrorism and the Clash of Civilizations," *British Journal of Political Science* 39: 711-34.

O'Gorman, Edmundo (1961) *The Invention of America: An Inquiry into the Historical Nature of the New World and the Meaning of Its History*, Bloomington: Indiana University Press.

Ono, Gary (2007a) "Japanese American Fortune Cookie: A Taste of Fame and Fortune," Part I. Online. Available at: http://www.discovernikkei.org/forum/en/node/1934 (accessed 3 February 2009).

_______(2007b) "Japanese American Fortune Cookie: A Taste of Fame and Fortune," Part II. Online. Available at: http://www.discovernikkei.org/forum/en/node/1935 (accessed 3 February 2009).

Osterhammel, Jürgen (2005) "'The Great Work of Uplifting Mankind': Zivilisierungsmission und Moderne," in Boris Barth and Jürgen Osterhammel (eds), *Zivilisierungsmissionen*, Konstanz: UVK Verlagsgesellschaft, pp. 363-425.

Ostler, Nicholas (2010) *The Last Lingua Franca: English until the Return of Babel*, New York: Walker & Co.

Pagden, Anthony (1995) *Lords of All the World: Ideologies of Empire in Spain, Britain and France, c.1500-c.1800*, New Haven, CT: Yale University Press.

Peabody, Sue and Stovall, Tyler (eds) (2003) *The Color of Liberty: Histories of Race in France*, Durham, NC: Duke University Press.

Perdue, Peter C. (2008) "Eurasia in World History: Reflections on Time and

Space," *History Cooperative* 5(2). Online. Available at: http://www.historycooperative.org/journals/whc/5.2/perdue.html (accessed 23 February 2010).

Pitts, Jennifer (2005) *A Turn to Empire: The Rise of Imperial Liberalism in Britain and France*, Princeton, NJ: Princeton University Press.

Pocock, J.G.A. (2005) *Barbarism and Religion*, New York: Cambridge University Press.

Pouliot, Vincent (2010) *International Security in Practice: The Politics of NATO-Russia Diplomacy*, New York: Cambridge University Press.

Rawski, Evelyn S. (1996) "Presidential Address: Reenvisioning the Qing: The Significance of the Qing Period in Chinese History," *The Journal of Asian Studies* 55(4): 829-50.

Rifkin, Jeremy (2009) *The Empathic Civilization: The Race to Global Consciousness in a World in Crisis*, New York: Jeremy P. Tarcher/Penguin.

Roberts, J.A.G. (2002) *China to Chinatown: Chinese Food in the West*, London: Reaktion Books Ltd.

Rudolph, Susanne Hoeber (2010) "Four Variants of Indian Civilization," in Peter J. Katzenstein (ed.), *Civilizations in World Politics: Plural and Pluralist Perspectives*, London and New York: Routledge, pp. 137-56.

Russett, Bruce M., Oneal, John R., and Cox, Michaelene (2000) "Clash of Civilizations, or Realism and Liberalism Déjà Vu? Some Evidence," *Journal of Peace Research* 37(5): 583-608.

Schimmelfennig, Frank (2003) *The EU, NATO and the Integration of Europe: Rules and Rhetoric*, New York: Cambridge University Press.

Sen, Amartya (2006) *Identity and Violence: The Illusion of Destiny*, New York: W.W. Norton.

Shiraishi, Takashi (2006) "The Third Wave: Southeast Asia and Middle-Class Formation in the Making of a Region," in Peter J. Katzenstein and Takashi Shiraishi (eds), *Beyond Japan: The Dynamics of East Asian Regionalism*, Ithaca, NY: Cornell University Press, pp. 237-71.

Skowronek, Stephen (2006) "The Re-association of Ideas and Purposes: Racism, Liberalism, and the American Political Tradition," *American*

Political Science Review 100(3): 385-401.

Smith, Jeremy C.A. (2010) "The Many Americas: Civilization and Modernity in the Atlantic World," *European Journal of Social Theory* 13(1): 117-33.

Spengler, Oswald (1939) *The Decline of the West* (one volume edition), New York: Knopf.

Stinchcombe, Arthur L. (1991) "The Conditions of Fruitfulness of Theorizing about Mechanisms in Social Science," *Philosophy of the Social Sciences* 21: 367-88.

Stovall, Tyler and van den Abbeele, Georges (eds) (2003) *French Civilization and Its Discontents: Nationalism, Colonialism, Race*, Lanham, MD: Lexington Books.

Swedberg, Richard (2007) "Civilizations, Economies and Social Mechanisms: Some Central Themes." Paper delivered at the conference on "The Economic Performance of Civilizations: The Role of Culture, Religion and the Law," University of Southern California (23-24 Feb.).

Tilly, Charles (2001) "Mechanisms in Political Processes," *Annual Review of Political Science* 4: 21-41.

Trubowitz, Peter (1998) *Defining the National Interest: Conflict and Change in American Foreign Policy*, Chicago: The University of Chicago Press.

Wang, Gungwu (1984) "The Chinese Urge to Civilize: Reflections on Change," *Journal of Asian History* 18: 1-34.

Wolfers, Arnold (1962) *Discord and Collaboration: Essays on International Politics*, Baltimore: The Johns Hopkins University Press.

Wong, Edward (2012) "China's President Lashes Out at Western Culture," *The New York Times* (1 January). Online. Available at: http://www.nytimes.com/2012/01/04/world/asia/chinas-president-pushes-back-against-western-culture.html (accessed 9 November 2012).

Yamamura, Kozo (ed.) (1997) *A Vision of a New Liberalism? Critical Essays on Murakami's Anticlassical Analysis*, Stanford, CA: Stanford University Press.

Zakaria, Fareed (1994) "Culture is Destiny: A Conversation with Lee Kuan Yew," *Foreign Affairs* 73(2): 109-24.

Zarakol, Ayse (2011) *After Defeat: How the East Learned to Live with the West*, New York: Cambridge University Press.

Zeitlin, Jonathan (2000) "Introduction: Americanization and Its Limits: Reworking US Technology and Management in Post-War Europe and Japan," in Jonathan Zeitlin and Gary Herrigel (eds), *Americanization and Its Limits: Reworking US Technology and Management in Post-War Europe and Japan*, Oxford: Oxford University Press, pp. 1-50.

지은이 / 옮긴이 소개

지은이

피터 카젠스타인

코넬대학교 석좌교수로 국제 관계와 비교 정치 전문가다. 국제 관계에서 아시아와 유럽의 역할 및 국가 간 체계 내의 문화, 종교, 정체성, 지역주의 등을 연구하고 있다. 약 13년간의 연구를 집대성해 2005년 발간한 *A World of Regions: Asia and Europe in the American Imperium*(Cornell University Press, 2005)이 대표작으로 평가받는다. 최근에는 *Anglo-America and Its Discontents: Civilizational Identities beyond West and East*(Routledge, 2012), *Sinicization and the Rise of China: Civilizational Processes beyond East and West*(Routledge, 2012), *Civilizations in World Politics: Plural and Pluralist Perspectives*(Routledge, 2010) 등 세계 정치와 문명의 문제를 다원주의적 시각에서 풀어낸 책을 집중적으로 펴냈다. 독일 출신으로 독일과 영국에서 수학했으며 하버드대학교에서 박사 학위를 받았다.

옮긴이

유정완

이 책의 전반부 '세계 정치와 문명: 동서양을 넘어서'를 우리말로 옮겼다. 경희대학교 영어영문학과를 졸업하고 뉴욕시립대학교에서 영문학 박사 학위를 받았다. 현재 경희대학교 후마니타스칼리지 서울캠퍼스 학장 겸 문과대학 영어학부 교수로 재직하고 있다. "역사의 끝에 서 있는 제국? 프랜시스 후쿠야마의 역사 종언론", "사냥꾼과 병사, 그리고 베트남 전쟁" 등 미국 문학과 문화에 관해 다수의 논문을 발표했고, 주요 역서로 『마오 II』, 『포스트모던의 조건』(공역) 등이 있다.

이기라

이 책의 후반부 '라운드테이블'을 우리말로 옮겼다. 경희대학교 정치외교학과를 졸업하고 파리-소르본대학교에서 정치사회학 박사 학위를 받았다. 현재 경희대학교 후마니타스칼리지 객원교수로 재직하면서 중핵교과와 시민교과를 강의하고 있다. 주요 저서로는 『공존의 기술: 프랑스 공화주의의 이면』(편저)과 『한국 민주주의와 언론자유 그리고 그 위기』(공저)가 있으며, 역서는 『지구적 근대성, 그 위기의 근원』과 『근대 이데올로기 개인주의의 탄생』(근간)이 있다.